Sue Atkinson

Mach den ersten Schritt

Wege aus der Depression

R. BROCKHAUS VERLAG WUPPERTAL UND ZÜRICH

ABCteam-Bücher erscheinen in folgenden Verlagen:

Aussaat Verlag Neukirchen-Vluyn
R. Brockhaus Verlag Wuppertal und Zürich
Brunnen Verlag Gießen und Basel
Christliches Verlagshaus Stuttgart
Oncken Verlag Wuppertal und Kassel

Die englische Originalausgabe erschien unter dem Titel:
CLIMBING OUT OF DEPRESSION
bei Lion Publishing, Oxford/England
© 1993 by Lion Publishing
© für den Text Sue Atkinson

Deutsch von Friederun Harms

© 1995 der deutschen Ausgabe:
R. Brockhaus Verlag Wuppertal und Zürich
Umschlaggrafik: Dietmar Reichert, Dormagen
Gesamtherstellung: Breklumer Druckerei Manfred Siegel KG
ISBN 3-417-11076-9

INHALT

EINFÜHRUNG

Über den Umgang mit diesem Buch

◆ Dieses Buch ist so geschrieben, daß es in kleinen Abschnitten gelesen werden kann. Wenn es einem schlecht geht, hat man nicht die Kraft, lange Abhandlungen zu lesen.

◆ Greifen Sie die Abschnitte aus dem Buch heraus, die Sie heute interessieren oder am besten zu Ihrer momentanen Stimmung passen.

◆ Lassen Sie aus, was Ihnen heute unwichtig erscheint.

◆ Kommen Sie später auf die Abschnitte zurück, die Sie nicht verstanden oder über die Sie sich geärgert haben.

◆ Jedes Kapitel ist mehr oder weniger in sich abgeschlossen, aber manchmal habe ich am Ende eines Kapitels auf andere wichtige Abschnitte über dasselbe Thema hingewiesen. So können Sie bestimmte Punkte, die Sie persönlich als besonders wichtig empfinden, über das ganze Buch hinweg verfolgen.

◆ Probieren Sie die praktischen Tips aus. Lesen allein genügt nicht! Das Buch will Sie ermutigen, sich Ihre eigenen Gedanken zu machen.

◆ Literaturhinweise, die Ihnen weiterhelfen können, finden Sie am Ende dieses Buches.

◆ Sie werden wahrscheinlich mehr von diesem Buch haben, wenn Sie es gemeinsam mit einem Freund oder einer Freundin lesen.

Teil 1

Berg-steigen für Lemminge

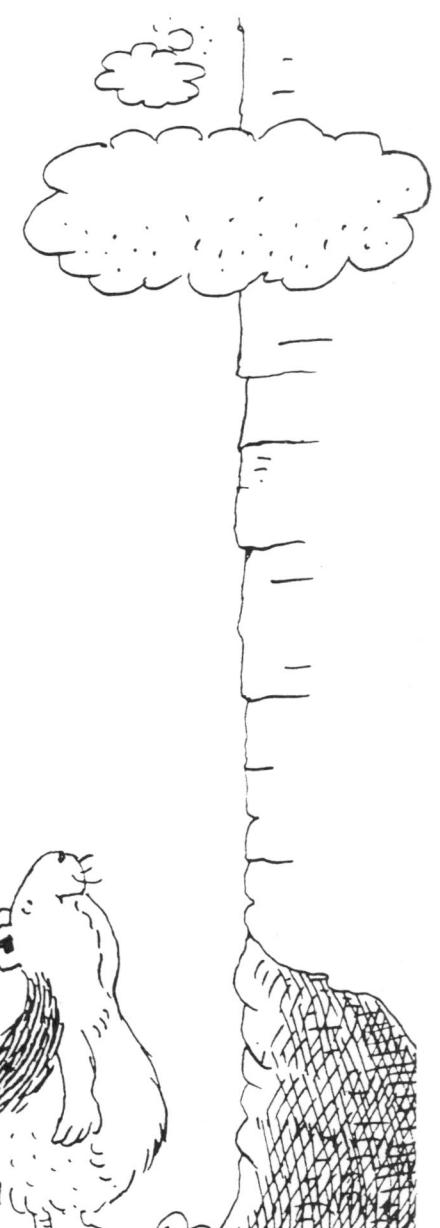

1

Heilung sofort?

Dieses Buch ist für Menschen, die sich

traurig
einsam
verzweifelt
depressiv
lebensmüde

fühlen.

Es enthält keine Wundermittel, keine Methoden, die sofort beim Lesen Heilung, Gesundheit, Wohlstand oder Glück in Ihr Leben bringen. Jedes Buch, das so etwas anbietet, oder jede Person, die Ihnen einen einfachen Weg zur Heilung vorschlägt (»Denk doch mal an all das Gute in deinem Leben«, oder: »Iß mehr frisches Obst und Gemüse«), sollte mit dem allergrößten Argwohn betrachtet werden.

Was dieses Buch nicht ist

Dieses Buch ist kein Handbuch mit dem Titel »10 einfache Schritte zur Heilung von Depressionen«. Ich habe einen Horror vor solchen Büchern! Vielleicht kommen manche Menschen damit zurecht, aber was ist, wenn ich diese 10 Schritte befolge und am Schluß genauso depressiv bin wie vorher? Ich weiß, mir würde es ganz bestimmt so gehen.

Aus meinen mehrjährigen Erfahrungen mit Depressionen habe ich gelernt, daß es nie einfach und mit Sicherheit niemals leicht ist, wieder gesund zu werden. Menschen, die behaupten, es sei leicht, wir müßten uns nur zusammenreißen, haben keine Ahnung!

In diesem Buch geht es weniger um das »Wie« als vielmehr um das »Warum«. Ich glaube, wenn wir das »Warum« verstehen, können wir eher die entsprechenden Schritte in die Wege leiten, die nötig sind, um da wieder herauszukommen.

Es enthält dennoch einige »Wie«-Vorschläge. Aber das sind lediglich Anregungen. Sie gehen zurück auf das, was ich gemacht habe oder andere, die ich kenne. Einige der praktischen Tips stammen von Menschen, die mit Depressiven arbeiten.

Dieses Buch ist kein systematisches und vollständiges Sachbuch. Im Vordergrund steht die persönliche Ebene. Ich möchte Erfahrungen weitergeben, die mir geholfen haben; ich will Sie ermutigen, in Ihrer Situation einige gute Schritte zu tun.

 ## Meine eigenen Voraussetzungen, um dieses Buch schreiben zu können

Ich bin viele Male in meinem Leben depressiv gewesen. In dieser Zeit habe ich mit Menschen gesprochen und zusammengelebt, die ebenfalls depressiv waren. Und ich habe überlebt!

Ich schreibe weder als Expertin, noch schreibe ich dieses Buch, weil ich meine, alle Antworten gefunden zu haben. Es geht einfach darum, wie man die richtigen Fragen herausfindet. Nicht alles wird Ihnen helfen. Vielleicht werden Sie einzelne Abschnitte total ablehnen. Gehen Sie darüber hinweg, und lesen Sie an einer anderen Stelle weiter. Doch wenn Sie sich stärker fühlen, dann schlagen Sie diese Abschnitte noch einmal auf, und überlegen Sie, warum Sie so negativ darauf reagiert haben. Was hat Ihnen so zugesetzt?

Die Realität der Depression

Ich habe in letzter Zeit – ich weiß nur nicht, wodurch – all meinen Frohsinn verloren, alle gewohnten Übungen aufgegeben; und ich bin wirklich in so schwermütiger Stimmung, daß mir dieser treffliche Bau, die Erde, ein ödes Vorgebirge scheint.

Shakespeare, Hamlet II,2

Es ist eine überaus schwierige Angelegenheit, aus der Depression herauszufinden. An einem Tag kommt es uns vor, als hätten wir es fast geschafft. Doch am nächsten Tag erkennen wir, daß wir uns eigentlich ganz weit unten, wieder fast am Boden befinden.

Aber wir können es schaffen! Das ist eine der großen Wahrheiten über die Depression – sie dauert nicht ewig.

Für jeden von uns gestaltet sich der Aufstieg etwas anders. Was meiner Freundin hilft, bringt Ihnen vielleicht wenig. Oder es hilft Ihnen vielleicht im Moment nicht sehr. Aber wie bei allen Hilfsmitteln zur Lösung von Lebensproblemen ist es so, daß wir genau in dem Maße von ihnen profitieren, wie wir in sie investiert haben. Sie müssen die praktischen Tips *anwenden*, damit Sie möglichst viel Gewinn aus diesem Buch ziehen.

An Tagen, wo die Depression besonders schlimm ist, kann es am besten sein, nur einige Seiten in diesem Buch durchzublättern und an einem anderen Tag auf die praktischen Tips zurückzukommen.

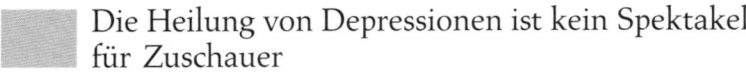 Die Heilung von Depressionen ist kein Spektakel für Zuschauer

Die Heilung von Depressionen geht ähnlich vor sich wie das Bergsteigen. Niemand hat jemals einen Gipfel erklommen, indem er lediglich darüber nachdachte. Ein Aufstieg kostet uns immer Schweiß und Tränen, eine ganze Menge Mut, hin und wieder Abstürze und Neuanfänge und ein großes Maß an Entschlossenheit.

Bevor Sie aufgeben und zu dem Schluß kommen, daß Sie für so etwas nicht genügend Energie haben, sollten Sie sich bewußt machen, daß allein schon das Aufschlagen dieses Buches einigen Mut erforderte. Jemand, der depressiv ist, braucht Mut für *alles*, was er tut. Es wäre gut, wenn Sie sich Notizen machten. Sie brauchen dazu nicht unbedingt ein schickes Tagebuch. Es kann ein kleines, billiges Schreibheft aus dem Supermarkt sein. Wichtig ist, daß Sie sich damit wohlfühlen. Es gehört Ihnen, nur Ihnen allein. Kein anderer liest es. Darum müssen Sie einen sicheren Aufbewahrungsort dafür finden.

◆ Vielleicht finden Sie Schreiben furchtbar. Keine Sorge! Schreiben Sie, wenn es Ihnen hilft. Wenn nicht, ignorieren Sie einfach die praktischen Tips zum Schreiben in diesem Buch.

◆ Sie können selbst bestimmen, wie wichtig dieses »Tagebuch«, wie ich es ab jetzt nennen werde, für Sie wird.

◆ Wenn Sie lieber reden statt schreiben, notieren Sie sich vielleicht nur kurz, worüber Sie mit jemand anders sprechen möchten.

◆ Wichtig ist, daß wir unsere Gedanken irgendwie ausdrücken.

Bei mir geht das durch Schreiben. Andere reden oder malen oder kochen oder stecken all ihre Energie in eine Kampfsportart. Wenn wir ein Tagebuch oder ein Schreibheft benutzen, soll es vor allem dazu dienen, unsere Gedanken und Gefühle aus uns herauszuholen. Wir können auch andere Methoden wählen, unser Gefühls- und Gedankengut auszudrücken, zum Beispiel

Gespräche
Kochen
Gartenarbeit
Zeichnen
Malen
Tanzen.

Wenn wir auf diese Weise unsere Gefühle und Gedanken nach außen befördern, können wir Hinweise erhalten, was uns depressiv macht. Wenn wir zum Beispiel beim Umgraben im Garten immer wieder über den Umgang mit einem bestimmten Familienmitglied nachdenken, dann ist es sehr wahrscheinlich, daß uns diese Sache weit mehr bedrückt, als wir bisher erkannt haben.

Wenn wir versuchen, unser Denken nach außen zu verlagern, so daß wir es anschauen können, können wir es beeinflussen. Wenn wir Autorität über unser Denken haben, kontrolliert es uns nicht mehr so stark. Wir üben mehr Einfluß auf unser Leben aus. Die Macht, unser Leben selbst zu bestimmen, ist wichtig für unsere Heilung von der Depression.

Meine eigenen Tagebücher, die in den letzten Jahren entstanden sind, enthalten Ideen, Gedanken, Klagen, Gebete, Bleistiftzeichnungen und Entwürfe für böse Briefe an Mitmenschen. Während ich im Krankenhaus lag, war sogar ein Kalender darin – ich war so durcheinander, daß ich nicht mehr wußte, welche Jahreszeit gerade war. Ihr Tagebuch kann ganz anders aussehen, und die empfohlenen praktischen Tips sind nur Anhaltspunkte. Es sind keine festgelegten Anweisungen, die Sie befolgen müssen.

2

Warum Bergsteigen?

Eine meiner Lieblingsbeschäftigungen ist das Bergsteigen. Als ich sechzehn Jahre alt war, entdeckte ich: Jedesmal, wenn ich vor einer riesigen Herausforderung stand, packte mich ein gewaltiger Ehrgeiz. Wenn ich es geschafft hatte, wurde ich von einem phantastischen

Gipfelgefühl erfaßt. Später, nach Jahren der Depressionen, die sich bis in mein drittes und viertes Lebensjahrzehnt hineinzogen, ging ich erneut Bergsteigen. Ich merkte, wie ähnlich es dem Leben überhaupt ist. Steckt man mittendrin, ist es die Hölle, aber oben angekommen, hat man das Gefühl, daß nie wieder etwas so schwierig sein wird.

Darum gebrauche ich das Bergsteigen als Illustration für den Kampf, aus den Depressionen herauszufinden.

Warum Lemminge?

Ich identifiziere mich mit Lemmingen – jenen kleinen, braunen, pelzigen Bewohnern der skandinavischen Tundra. Lemminge hält man oft für Tiere, die über eine Felswand springen, um Selbstmord zu begehen. Wenn uns Naturkundler erklären, daß sie das eigentlich gar nicht tun, fühlen wir uns ein wenig verschaukelt.

In Wirklichkeit wandern Lemminge offenbar aus. In manchen Jahren – den »Lemming-Jahren« – nehmen sie überhand, und die Nahrung wird knapp. Niemand weiß so richtig, wie so ein »Lemming-Jahr« zustandekommt, aber ein Wurf Lemminge nach dem anderen kommt zur Welt. Vielleicht ist das Wetter gut, oder es gibt viel Nahrung, was auch immer. Jedenfalls produzieren die Lemminge immer mehr Babys. Vielleicht möchten die Lemmingfrauen einfach nur immer mehr Kinder. Es könnte auch an einer Veränderung des Klimas liegen oder an der Art der Nahrung. Bis jetzt wissen es die Biologen nicht.

Irgendein Instinkt bewegt sie plötzlich dazu, von den übervölkerten Berghängen abzuwandern. Hunderte von Lemmingen jagen davon, als ginge es um ihr Leben. Wenn sie dabei eine Felskuppe erreichen, stürzen sie ab.

Auf diese Weise ist die Vorstellung entstanden, daß sie Selbstmord begehen. In Wirklichkeit rennen sie los, um eine Insel oder ein Gebiet in den Bergen zu finden, wo sie in Frieden leben können, ohne daß Freunde und Bekannte plündernden Hühnerhabichten zum Opfer fallen. In diesem Sinne dient das alles eigentlich dem Erhalt der Gattung, aber bei der Jagd über hohe norwegische Fjordfelsen gehen viele auf ihrem Überlebenstrip zugrunde.

Depressive Menschen haben viel mit Lemmingen gemeinsam. Wir spüren den Drang, auszuwandern oder alles hinter uns zu lassen, was uns quält, oder wir wünschen uns, noch einmal ganz von vorne anzufangen. Darum ist dieses Buch geschrieben für

- alle, die am Fuß der Felswand sitzen,
- alle, die so überwältigt und durcheinander sind, daß sie keine Ahnung haben, wo sie sich befinden und wie sie dorthin gekommen sind. Auf jeden Fall wissen sie nicht, was sie in dieser Situation tun können – oder ob sie überhaupt etwas dagegen unternehmen wollen, denn es ist alles so furchtbar,
- alle, die an der Felswand emporblicken und wirklich wieder ganz nach oben wollen; die spüren, daß sie sehr viel Hilfe brauchen, wenn sie jemals den Aufstieg wagen sollten.

Teil 2

Wie komme
ich hierher?

3

Am Fuß der Felswand

Die Depression ist ebenso häufig wie eine gewöhnliche Erkältung. Sie kann so schwach ausgeprägt sein, daß sie kaum den Namen verdient ... oder sie kann, im anderen Extremfall, fast vollständig lähmen.

Myra Chave-Jones

Mit am schlimmsten während einer tiefen Depression und Verzagtheit ist die völlige Einsamkeit, das verheerende Gefühl der totalen Entfremdung von jedem anderen Lebewesen im Universum. Es ist der intensive seelische Schmerz und Schrecken der Isolation, der Depression von Traurigkeit unterscheidet, unter der wir alle von Zeit zu Zeit leiden. Doch ist die Grenzlinie schmal.

Manche depressive Menschen können trotzdem einigermaßen normal weiterleben. Für andere sind bestimmte Stadien der Depression zu dunkel und zu leer, um überhaupt noch etwas zu tun. Einige sind fähig, ein Minimum zu ihrer Selbsterhaltung beizutragen wie essen und trinken, manche schaffen schließlich nicht einmal mehr das.

Depression ist eine so tiefgreifende Erfahrung, daß wir uns ganz grundsätzliche Fragen über das Leben, das Sterben und die Erfahrung des Menschseins stellen.

Wenn es einen Gott gibt, dann scheint er irgendein wütendes Monster zu sein, ein grausamer Außerirdischer, der hoch oben von

15

seinem bequemen Sessel aus über uns lacht. Solch einen Gott wollen wir wahrscheinlich ohnehin nicht haben. Er hat uns im Stich gelassen, gerade als wir ihn am nötigsten brauchten.

Ich versuche, diesen Gott zu besänftigen. »Wenn es dein Wille ist, dann . . .« »Wenn du mir diese Gefühle wegnimmst, werde ich dich immer lieben und alles tun, was du willst.« Aber das hilft nicht. Ich denke, ich verdiene es nicht, geliebt zu werden. Es liegt alles nur an mir. Ich fühle mich schuldig. Beschämt. Hoffnungslos. Nutzlos. Dumm.

Die Leute lachen mich aus, und ich habe solche Angst. Ich weiß, ich bin nichts wert. In der Tiefe der Nacht greift die Angst nach meinem Herzen. Sie lähmt mein Bewußtsein.

Aber vor allem fühle ich mich unendlich einsam.

Es ist der dunkle Abgrund der Depression. Das Loch. Ein Vakuum. Die Hölle. Der Boden am Fuß der steilsten Felswand um Mitternacht. Die Flut kommt, und es gibt kein Entrinnen.

Woran erkenne ich, ob ich depressiv bin?

Vielleicht merken Sie gar nicht, daß Sie depressiv sind. Ganz normale Zeiten der Traurigkeit, mit denen zu rechnen wir gelernt haben – wir nennen sie vielleicht »unsere Stimmungstiefs« –, sind sehr schwer von einer leichten Depression zu unterscheiden. Wenn wir Depressionen zum ersten Mal erleben, wissen wir vielleicht gar nicht so recht, wie uns geschieht. Heutzutage wird in unserer Gesellschaft häufiger als früher über Depressionen gesprochen, aber es umgibt sie immer noch die Aura des Geheimnisvollen. Darum können wir so schwer damit umgehen. Wir fühlen uns eigenartig, nicht im Einklang mit den anderen und ziemlich verunsichert über das, was geschieht. In diesem Buch geht es vor allem um die Frage, warum wir depressiv sind. Es ist viel leichter, aus der Depression herauszukommen, wenn wir sie verstehen und nach und nach lernen zu erkennen, was sie eigentlich ist.

Die Symptome der Depression

Am Anfang ist sie vielleicht nicht mehr als eine heimtückisch schleichende Traurigkeit und Lethargie. Bei einer leichten Depression erleben wir vielleicht nur das. Aber es gibt viele verschiedene Grade der Depression – sie reichen von einem leichten Gefühl des Unbehagens bis hin zu schwersten Depressionen, die von Halluzinationen und Selbstmordgedanken begleitet werden. Weitere sind zum Beispiel:

Reizbarkeit
Zurückgezogenheit
Weinen
Wut
Gewichtsverlust oder -zunahme
Konzentrationsstörungen
heftige Stimmungsschwankungen
Angst und Beklemmungen
Überempfindlichkeit gegenüber Kritik
Schuldgefühle
Hoffnungslosigkeit
Tränenausbrüche
Gefühle der Unzulänglichkeit
Schlafstörungen
Appetitlosigkeit oder übermäßiges Essen als eine Art Trost
unkontrollierbare Gefühle totaler Verzagtheit.

Es scheint keinen Sinn zu haben, irgend etwas zu tun. Was uns früher Spaß gemacht hat, wie Kochen, Gartenarbeit, ein Lieblingshobby, ins Kino gehen, Sex, Musik oder was auch immer, kann uns nun nicht mehr locken. Diese Veränderung in unserem Lebensstil ist oftmals das deutlichste Anzeichen für die Depression. Vielleicht treten bei Ihnen auch andere Symptome auf, aber irgendwie wissen Sie innerlich, daß etwas nicht in Ordnung ist. Das ist Depression.

Wie fühlt sich das an?

Im schlimmsten Fall ist die Depression wie eine dichte Wolke, die sich vollkommen unerwartet auf uns legt. Es ist die Furcht vor der tiefsten Dunkelheit. Es ist, als laufe man allein durch eine Moorlandschaft bei Nacht. Wie das Leben auf einem fremden Planeten. Als ob man plötzlich und unerwartet blind, taub, stumm, gelähmt und ohne einen Pfennig dasteht. Doch weil bei Ihnen äußerlich nichts davon zu merken ist, erwartet die Umwelt, daß Sie zurechtkommen.

Aber Sie schaffen es nicht. Und niemand hört Ihren Schrei. Sie können Worte aussprechen, aber die Welt kann sie nicht hören. Sie sind völlig verängstigt. Sie möchten sich in Luft auflösen. Sie möchten aussteigen aus dem Leben.

Der Großteil der Menschen lebt in stiller Verzweiflung.

Henry Thoreau

Ein gebrochenes Bein vermittelt der Umwelt, daß etwas nicht stimmt. Aber wenn sich Ihr Bewußtsein vor der Realität verschließt, um zu überleben, dann ist es schwierig für Sie, Ihrer Umwelt verständlich zu machen, daß Sie unter inneren Schmerzen leiden.

Bilder für die Depression

Es gibt verschiedene Bilder für die Depression. Ich habe sie immer empfunden wie ein sehr tiefes, enges Loch mit senkrechten Wänden, oder wie den Boden einer Spalte in einer Felswand. Dort ist es vollkommen dunkel, und es gibt keinen Halt für die Füße. Es ist völlig hoffnungslos, bis zur Kante hinaufzukommen. Ich bin allein, und es ist atemberaubend still.

Andere, die depressiv sind, empfinden sich wie in einem Gefängnis, vor einem steilen Berg oder in einem Käfig, der über einem Loch ohne Boden baumelt. Welches Bild man auch nimmt – die Gefühle haben immer ähnliche Merkmale: Jeder Depressive erlebt die Gefühle des Abgeschnittenseins von allen anderen Menschen als grausam und schmerzhaft.

Warum hat mir niemand gesagt, daß es so etwas gibt?

Sie brauchen nicht sehr depressiv zu sein, um festzustellen, daß es nur wenig einfühlsame Mitmenschen gibt, die Ihre Schmerzen wahrnehmen, die aber sehr wahrscheinlich nicht so recht wissen, was sie tun oder sagen sollen. Die anderen jedoch, leider meistens Ihre nächsten Angehörigen, Freunde, manchmal sogar Ihr Arzt, werden darauf bestehen, daß Sie sich zusammenreißen, schnell wieder »der oder die alte« werden und normal weiterleben.

Ihre Welt füllt sich mit der entsetzlichen Realität der Isolation. Sie denken, daß kein anderer Mensch sich jemals so gefühlt haben kann, sonst hätte es Ihnen jemand gesagt. Aber diese Erfahrung kann nicht in Worte gefaßt und weitergegeben werden. Es stimmt, daß sich niemals jemand so gefühlt hat, weil jede Depression anders ist. Sie nimmt ein Eigenleben an. Sie hat ihre eigene Entstehungsgeschichte, die nur auf Sie zutrifft.

Sie bitten um Hilfe, und man stopft Sie mit Medikamenten voll. Niemand hört zu, weil es eine Million Stunden kosten würde. Sie brauchen eine Million Umarmungen. Sie brauchen eine Million Worte der Beruhigung.

Die können Sie nicht bekommen, denn die Welt ist mit sich selbst und ihrer eigenen Wichtigkeit beschäftigt. Tatsache ist, daß Sie eingeordnet werden unter »psychisch krank«, wie man es landläufig nennt. Und das tut weh. Es tut höllisch weh.

Menschen, die behaupten, es gebe einfache Antworten, irren sich, und ihre Phrasendrescherei macht Sie nur noch depressiver.

Jetzt breche ich auf ins Unbekannte. Ich werde lange brauchen, um die Trauer zu bewältigen. Es gibt keine Abkürzungen; man muß da durch.

Madeleine L'Engle

4

Eine Höhle finden:
Ideen für die ganz schlechten Tage

Dort, wo Sie sind, scheinen vielleicht die Füße keinen Halt zu finden, es gibt keine Wurzeln zum Festhalten. Niemand ist da mit einem Seil. Es ist stockdunkel. Der Felsen ist zerklüftet. Er ist glitschig vom Seetang. Immer wenn Sie sich bewegen, bekommen Sie nasse Füße.

Sie sind müde. Hungrig. Kalt. Es geht Ihnen absolut schlecht, und Sie sind unfähig, auch nur an der Felswand emporzublicken, geschweige denn den Versuch zu starten, sie zu erklimmen.

Einerseits kümmert es Sie nicht im geringsten, daß Sie jeden Moment von der Flut weggespült werden können; aber von ganz tief innen erinnert Sie etwas daran, daß Sie vor Sonnenuntergang eine Höhle gesehen haben. Dort drüben, links. Wenn Sie jetzt losgingen, könnten Sie es vielleicht noch schaffen. Es ist nicht weit. Wenigstens wäre es dort wärmer.

Ich habe den ersten Schritt heraus aus der Depression »eine Höhle finden« genannt. Es ist nicht der Gipfel des Berges; es ist sehr weit weg von dem Ziel, das wir erreichen wollen. Aber es hilft uns, nicht von der Flut weggespült zu werden.

Suchen Sie sich eine »Höhle« – dort ist es wenigstens warm und trocken

Für manche Menschen ist die »Höhle«, den Fernseher einzuschalten, ein Buch zu lesen, zu kochen oder spazieren zu gehen. Es spielt keine Rolle, was wir tun, um auszuweichen. Wichtig ist, daß wir dem Druck unserer Lebenswelt entfliehen und etwas tun, was uns genügend gibt, um nicht mehr zu weinen und nicht weiter in die totale Leere abzugleiten.

Für mich ist ein Teil meiner Flucht, mich in Geschichten zu vertiefen – entweder in meine eigenen oder in Geschichten anderer. Ich dringe ein in die Welt der Geschichte und lasse die andere Welt für eine Weile hinter mir. In meiner eigenen Welt fühle ich mich sicher. Und sobald ich mich sicher fühle, kann ich auch daran denken, wieder aus meiner »Höhle« herauszukommen.

Die Menschen in Ihrer Umgebung, Ihre Familie beispielsweise, müssen sich sicherlich erst daran gewöhnen, daß Sie in diesen Zeiten zu nichts anderem fähig sind, als sich in Ihre Höhle zurückzuziehen. Sie werden es nicht unbedingt verstehen. Viel wahrscheinlicher ist, daß sie sich über Ihre »Selbstbezogenheit« ärgern.

Alles, was sie sagen, macht es noch schlimmer. So ist das mit der Depression. Darum ist sie solch ein Schock für jeden Menschen, der sie erlebt, weil es fast unmöglich ist, das furchtbare Gefühl irgendeinem anderen Menschen verständlich zu machen. Jeder Depressive fragt sich, warum er durch etwas so wahnsinnig Schmerzhaftes durchgehen muß, daß der Gedanke an den Tod fast wie ein Trost erscheint.

Darum suchen Sie sich Ihre »Höhle«. Verkriechen Sie sich darin, und bleiben Sie dort. Ihre Familie wird ohne Sie *nicht* sofort verhungern. Das Geschäft wird *nicht* zusammenbrechen. Die Welt wird *nicht* untergehen, nur weil Sie sich zurückziehen. Sie sind einfach nicht unentbehrlich, und im Augenblick ist es für Sie vielleicht wichtiger, sich ein wenig um sich selbst zu kümmern. Eine Grundregel für Depressive lautet: *»Sei nett zu dir selbst.«*

Tun Sie etwas!

Sie lesen dieses Buch, das ist genug für den Anfang. Stecken Sie Ihre Ziele nicht zu weit. Kochen Sie sich einen Tee, oder schalten Sie das Radio ein.

An besseren Tagen ist es vielleicht angebracht, sich zu fragen, warum Sie sich heute so schlecht fühlen. Was sind das eigentlich für Gefühle? Aber das mache ich nicht an den schlimmsten Tagen. Ich versuche lediglich, die nächsten zehn Minuten zu überstehen, und dann die nächsten ...

Machen Sie sich bewußt, daß diese allerschlimmsten Momente wirklich vorbeigehen

Wenn Sie irgendwie feststellen können, daß es Ihnen jetzt ein wenig besser geht als beispielsweise heute um 4 Uhr morgens, dann haben Sie eine entscheidende Technik erkannt, um das menschliche Dasein zu überleben. *Alles auf dieser Welt, was wir kennen, hat ein Ende.* Gutes. Schlechtes. Alles hat ein Ende. Diese Gefühle werden irgendwann nicht mehr da sein. Doch heute sind sie da und verursachen Schmerzen.

Wenn wir anfangen, den Aufstieg auf den Berg positiv zu sehen, hilft uns das zu erkennen, was in unserem Bewußtsein und in unseren Gefühlen vorgeht, während wir am Boden liegen. Irgendwie müssen wir verstehen, was uns unsere Schmerzen mitteilen wollen. Was steckt hinter unserer Depression?

◆ Es ist eine überraschend verbreitete menschliche Erfahrung, in totaler Depression am Boden der Felswand zu liegen.

- ◆ Es ist nicht Ihre »Schuld« oder etwas, für das man sich schuldig fühlen müßte.
- ◆ Man kann es nicht einfach abschütteln – obwohl es Menschen gibt, die das behaupten!

Im nächsten Kapitel werden wir uns anschauen, was Depressionen sind, und einige der möglichen Ursachen erläutern.

5

Was sind Depressionen?

Die Depression ist der schlimmste nicht-physische Schmerz, den die Menschen kennen.   *Ein Arzt*

Einer der bemerkenswertesten Aspekte bei der Depression ist ihre grauenhafte Unausweichlichkeit. Ehrlich gesagt, ich glaube niemandem, der behauptet, er habe noch keinen einzigen Tag in seinem Leben unter Depressionen gelitten! Ich halte es für wahrscheinlicher, daß solche Menschen entweder die Intensität ihrer Gefühle leugnen – vielleicht weil sie mit ihnen nicht umgehen können – oder daß sie einfach nicht fähig sind, die Symptome zu erkennen!

Es gibt verschiedene Ebenen der Depression. Vielen Menschen, die unter Depressionen leiden, geht es von alleine besser, aber die Gefühle der Niedergeschlagenheit können auch eskalieren. Manche von uns kennen die Verwirrung und Hoffnungslosigkeit nur zu gut, die eine tiefere Depression mit sich bringen kann. Ärzte betrachten sie als eine Krankheit und behandeln sie manchmal mit Medikamenten, Gesprächen oder – seltener – mit Elektrokrampftherapie.

Manche von uns erleben die Depression so massiv, daß sich unser Leben durch unser intensives Suchen nach Sinn und Bedeutung wesentlich verändert. Wenn die Depression nachläßt, wissen wir, daß wir nicht mehr dieselben sind. Es bleibt immer eine Narbe. Erstaunlicherweise kann es aber sein, daß unsere Persönlichkeit hinterher heiler ist als vorher – wir sind ganzheitlichere Menschen geworden.

Ich habe gehört, daß Depressionen in fast allen Kulturen vorkommen und nicht erst in unserer modernen Zivilisation. Wir wissen, daß nicht das moderne Leben allein Depressionen verursacht. Der griechische Arzt Hippokrates beschrieb sie bereits 400 Jahre vor Christi Geburt.

Die Liste berühmter Persönlichkeiten, die depressiv waren, ist beeindruckend! Sie enthält Namen wie Beethoven, Schumann, Isaac Newton, Kafka, Darwin, Winston Churchill (er nennt das seinen »schwarzen Hund«), Tony Hancock, Romy Schneider, Buster Keaton und Pablo Picasso.

Manche Leute fühlen sich in bestimmten Phasen der Depression äußerst wohl und dann wieder katastrophal. Die Ärzte nennen dies manische Depression. Sie ist durch extreme Stimmungsschwankungen gekennzeichnet. Zeiten der tiefsten Melancholie wechseln mit Zeiten der Euphorie. In einem »Hoch« kann die betreffende Person so kreativ sein und sich so intensiv in Aktivitäten hineinstürzen, daß sie überdurchschnittliche Leistungen erbringt. Ich habe gehört, daß viele Erfinder in solchen manischen Phasen am erfolgreichsten waren. Darum ist es gar nicht mehr überraschend, wenn es manchmal heißt, Genialität und Geisteskrankheit lägen dicht beieinander.

Andererseits wird oftmals während solcher Hochphasen ein vollkommen unrealistisches Projekt in Angriff genommen, das nicht vollendet werden kann. Es ist nicht genug Geld da, oder die fachliche Kompetenz reicht nicht aus, um den Plan zu verwirklichen. Das führt erneut zu Depression.

Viele Schriftsteller, Künstler und vor allem Dichter neigen zu Depressionen. Ich finde das sehr tröstlich. Viele depressive Menschen, die mir begegnen, sind recht sensibel und kreativ.

Verschiedene Arten der Depression

Es gibt eine Anzahl von Etiketten für depressive Menschen, die sich einer ärztlichen Behandlung unterziehen. Zum Beispiel nennt man das Krankheitsbild eines Patienten mit Depressionssymptomen, der aber sonst keine weiteren Probleme zu haben scheint, eine »endogene Depression«. Oder man sagt, daß jemand unter einer »reaktiven Depression« leidet, wenn die Depression hauptsächlich eine Reaktion auf sehr schwierige Lebensumstände ist.

Manche Ärzte scheinen solche Etiketten zu lieben! Ein Problem dabei ist mir allerdings aufgefallen, nämlich daß jemand, der zu verschiedenen Ärzten geht, von ihnen möglicherweise auch verschiedene Etiketten erhält.

Wir müssen ein wenig vorsichtig sein mit Etiketten. Es gibt ziemlich viele davon, zum Beispiel:

endogene Depression
reaktive Depression
manische Depression
zyklische Depression
Wochenbett-Depression
Angstzustand.

Es gibt noch viel mehr. Sie sind wahrscheinlich höchst bedeutungsvoll, aber sie offenbaren meistens nicht die ganze Wahrheit. Die ersten beiden Etiketten werden sehr häufig verwendet.

Endogene Depression

Bei dieser Art wird angenommen, daß die Depression aus dem Inneren eines Menschen kommt, aus einem Ungleichgewicht im Chemiehaushalt des Körpers. Meist kann das mit Medikamenten ausgeglichen werden! Schwieriger ist es, wenn zu der endogenen Depression Ursachen von außen kommen, wie ein Todesfall oder traumatische Kindheitserlebnisse. Dann ist es keine rein endogene Depression mehr. Zur Behandlung müssen Medikamente und Gesprächstherapie eingesetzt werden.

Meine eigene Depression wurde lange als endogen eingeschätzt. Doch das war nicht die ganze Geschichte. Aber dieses Etikett »endogene Depression« hat mich so hilflos gemacht und auch zur Passivität verführt. (»Ich kann überhaupt nichts machen. Ich bin krank.«) Dann bekam ich Hilfe von einem Psychologen, der sagte: »Erzählen Sie mir Ihre Geschichte.« Das war der Anfang meines Aufstiegs aus der Depression.

Reaktive Depression

Sehr oft ist Depression eine Reaktion auf Ereignisse oder Umstände (»reaktive Depression«). Wenn in unserem Leben wichtige Dinge passieren, reagieren wir irgendwie. Der Tod eines Menschen, den wir lieben, der Gedanke, unsere Heimat verlassen zu müssen, oder die Nachricht, daß wir selbst oder ein Freund an Krebs erkrankt sind, kann uns in Verzweiflung stürzen.

Ein Teil dieser Verzweiflung kann von dem Versuch herrühren, unsere unbewußte Wut zu unterdrücken. Wie kann ein »Gott der Liebe« es zulassen, daß solch ein wunderbarer Mensch an Krebs erkrankt? Die Verzweiflung kann auch durch Ängste verursacht werden:

Menschen meines Alters sterben.
Ich kenne niemanden in der fremden Stadt.

Wenn meine Kinder aus dem Haus sind, werde ich mich furchtbar einsam fühlen.

All das ist Stoff für potentielle Depressionen. Wir können nicht damit umgehen, darum flüchten wir statt dessen in die »reaktive« Depression.

Kinder, die gelitten haben, sind durch Phasen traumatischer Schmerzverdrängung gegangen, um zu überleben. Diese unterdrückten Gefühle sind der Same, aus dem später die Depression erwächst. Medikamente allein wären hier zu wenig.

Antidepressive Medikamente

Egal, welche Art der Depression Sie haben – es ist wichtig, daß Sie einen Arzt aufsuchen. Er wird Ihnen möglicherweise Medikamente anbieten; ich habe sie als lebensrettend erlebt.

Es gibt viele unterschiedliche Arten von antidepressiven Medikamenten; oft muß man herausfinden, mit welchen man selbst am besten zurechtkommt. Sie brauchen mehrere Tage, um zu wirken, darum kann das Ausprobieren verschiedener Sorten eine entsetzlich lange Zeit brauchen. Aber die Mühe lohnt sich. Obwohl ich nicht der Meinung bin, daß Tabletten die Lösung sind, heben sie doch die Stimmung, so daß man sein Leben wieder bewältigt und an den wahren Ursachen arbeiten kann.

Ein Mensch, nicht ein »Fall«

Daß Ärzte und Psychiater vielleicht nicht immer recht haben mit ihren Etiketten, merkte ich zum erstenmal dadurch, daß mir jeder, den ich aufsuchte, ein anderes verpaßte. Das war nicht nur irrsinnig komisch, es war auch total verwirrend. Im Gegensatz zu den Ärzten sah ich mich selbst nicht als eine »zyklisch Depressive mit paranoiden Tendenzen« (äh?).

Ich hatte Schmerzen, und ich wollte wissen, warum. Ich dachte, wenn ich meine seelische Verletzung verstünde, würde es mir besser gehen und ich könnte heimgehen und meine Kinder versorgen.

Ein Etikett zu bekommen und mit Pillen und Spritzen behandelt zu werden, empfand ich nicht als Behandlungsformen, die mir als Mensch gerecht wurden. Pillen fand ich zunächst nicht sonderlich therapeutisch. Sie kontrollierten mich. Sie machten mich passiv. Sie ließen mich aufhören, meinen Streß zum Ausdruck zu bringen. Nach einiger Zeit ging es mir dadurch besser (das war wunderbar), und dann durfte ich nach Hause. Wenn es wieder schlimmer wurde, ging alles von vorne los.

Ich meine auf keinen Fall, daß Psychiater oder Ärzte oder Medikamente niemandem helfen können. Im Gegenteil, es ist sehr wichtig, in ärztlicher Behandlung zu sein, wenn Sie ernsthaft an Depressionen leiden. Ich meine vielmehr, daß für einige depressive Menschen die Etiketten und Behandlungsmethoden mancher Ärzte nicht immer unbedingt sinnvoll sind.

Es war wichtig für mich, aus der »Schublade« herauszuwachsen, in die mich manche Ärzte hineinstecken wollten. (Wehe mir, wenn ich mich irgendwie benahm, wie es meinem Etikett zufolge nicht sein durfte!) Mein Aufstieg aus der Depression war ein kontinuierlicher Prozeß, der Millionen Worte und eine Unmenge Umarmungen enthielt. Tatsächlich war »Mensch« das einzige Etikett, was ich brauchte.

Erhöre mich, Herr, denn deine Güte ist tröstlich;
wende dich zu mir nach deiner großen Barmherzigkeit
und verbirg dein Angesicht nicht vor deinem Knechte,
denn mir ist angst; erhöre mich eilends.

Psalm 69,17-18

6

Was verursacht Depressionen?

Die meisten Menschen haben eine faire Portion Spaß im Leben, doch als Gegengewicht bedeutet Leben auch Leiden, und nur die sehr jungen oder die sehr einfältigen stellen es sich anders vor. George Orwell

Die erste und wichtigste Aussage über die Ursachen der Depression ist die, daß es keine einfachen Antworten gibt. Die Gründe, warum die Depression zu einem Bestandteil des Lebens wird, sind oft komplex und ausgesprochen schwierig herauszufinden. Manche Menschen können genau sagen, warum sie depressiv sind, bei anderen gibt es keinen offensichtlichen Grund. Manche Ursachen sind ein komplexes Geflecht aus Vergangenheit und Gegenwart und den Irrungen und Wirrungen des Bewußtseins, die das ganze bisherige Leben währten.

Eine komplexe Abfolge von Dingen kann leichte depressive Verstimmungen in schnellem Abwärtstrend in eine Depression verstärken, aus der wir meinen, es gebe niemals einen Ausweg. Das folgende Schaubild illustriert einige dieser möglichen Faktoren.

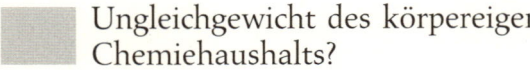

Ungleichgewicht des körpereigenen Chemiehaushalts?

Sowohl bei Männern als auch bei Frauen gibt es einen engen Zusammenhang zwischen dem körpereigenen Chemiehaushalt und den Stimmungen. Viele Frauen kennen das Tief vor ihrer Men-

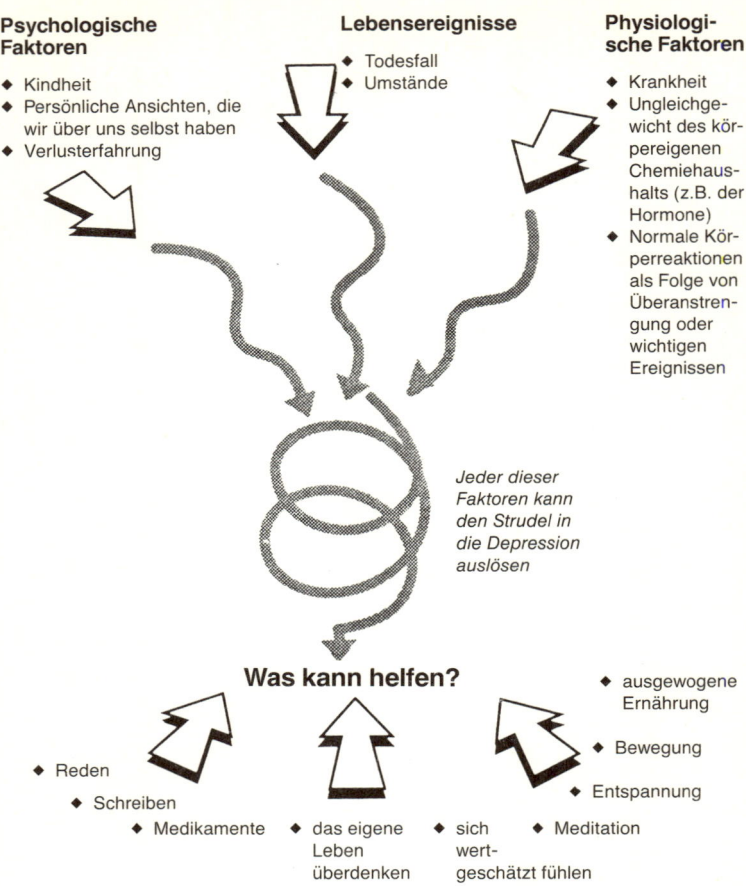

Psychologische Faktoren

- Kindheit
- Persönliche Ansichten, die wir über uns selbst haben
- Verlusterfahrung

Lebensereignisse

- Todesfall
- Umstände

Physiologische Faktoren

- Krankheit
- Ungleichgewicht des körpereigenen Chemiehaushalts (z.B. der Hormone)
- Normale Körperreaktionen als Folge von Überanstrengung oder wichtigen Ereignissen

Jeder dieser Faktoren kann den Strudel in die Depression auslösen

Was kann helfen?

- Reden
- Schreiben
- Medikamente
- das eigene Leben überdenken
- sich wertgeschätzt fühlen
- Meditation
- ausgewogene Ernährung
- Bewegung
- Entspannung

struation. Viele Mütter drücken nach einer Geburt ihre neugeborenen Babys an sich und denken: Eigentlich sollten sie glücklich sein, aber in Wirklichkeit ist ihnen zum Heulen zumute. Ihre Hormone sind völlig aus dem Häuschen. Eine Grippe oder ein anderer Virus kann unsere Gefühlswelt ebenfalls negativ beeinflussen.

Andere Krankheiten, besonders wenn sie langwierig sind oder wenn sie uns sehr stark schwächen, können uns depressiv machen und unfähig, damit fertigzuwerden.

30

Die Depression schert sich ebenso wie ein gewöhnlicher Schnupfen nicht um das Ansehen der Person.

Myra Chave-Jones

Ausgebrannt sein

Als meine Kinder ins Teenager-Alter kamen, waren sie nach jedem wirklich großen Ereignis launisch und mißmutig. Die entscheidende Prüfung oder das wichtige Konzert zogen unausweichlich ein Stimmungstief nach sich: »Warum habe ich mich nur so angestrengt? Es war gar nicht so wichtig, und jetzt möchte ich überhaupt nichts mehr machen, außer hier sitzen und heulen.« Vielleicht sind das die Zeiten, wo unser Körper nach Ruhe verlangt.

Jeder kann ausgebrannt sein, der sich mit Leib und Seele für eine Sache einsetzt. Wenn ein Mann sich über einen langen Zeitraum hinweg an seinem Arbeitsplatz verausgabt und dann nach Hause in den Familienstreß kommt, reagiert er unter Umständen mit Depression. Das ist vielleicht sogar eine sehr gesunde Gegenreaktion, um den Mann zu einer Veränderung seines Lebensstils zu bringen.

Kindheit

Reaktive Depressionen sind oft auf Reaktionen in der Kindheit zurückzuführen. Als kleine Kinder waren wir nicht in der Lage, die Welt zu verstehen. Die Kindheit muß gar nicht unbedingt besonders traumatisch gewesen sein, um Narben ins Leben eines Erwachsenen zu bringen. Ein Elternteil kann völlig unbewußt seinem Kind die Botschaft vermitteln, daß es nicht wertgeschätzt wird für das, was es ist. Die Liebe wird an Bedingungen geknüpft: »Wenn du so brav bist wie Tom nebenan . . .«; »Wir haben dich lieb, wenn . . .«

Es sind nicht unbedingt die offensichtlich wichtigen Dinge, die ein Kind beeinflussen. Es interpretiert vielleicht das anscheinend

Unwichtige als entscheidend: »Vati hat mich nicht lieb, denn er hat gesagt, er liest mir eine Geschichte vor. Aber dann klingelte das Telefon, und er ging nach unten.« Wenn ein Kind sich weniger wichtig fühlt als jemand am Telefon, kann es leicht glauben, daß es nicht viel wert ist.

Depression und Kindheits-Prägung

Die Lebensumstände mancher Menschen sind problematisch und deprimierend. Manchmal kommt es vor, daß wir auf sehr ungewöhnliche Weise die schwierigen Erlebnisse unserer Kindheit als Erwachsene wiederholen. Es wird behauptet, daß wir dazu neigen, unsere Kinder ebenso zu erziehen, wie wir selbst erzogen worden sind. Natürlich trifft das nicht immer zu.

Manchmal scheint es sogar, daß wir unsere Kindheitsprobleme festhalten *müssen*. Die Tochter eines gewalttätigen Alkoholikers heiratet dann beispielsweise selbst einen ähnlichen Mann und wiederholt so das Problem. Menschen können in festgelegten Verhaltensmustern gefangen sein.

Depression und Persönlichkeit

Es kann Dinge im Leben eines Menschen geben, die sich nur sehr schwer oder überhaupt nicht ändern lassen, und die ihn ernsthaft beeinträchtigen. Ich glaube, wenn ich in einem Land leben würde, wo eine Hungersnot herrschte, wäre ich ziemlich depressiv! Es kann auch sein, daß jemand aufgrund seiner Persönlichkeit zur Schwermut neigt. Denken wir nur zum Beispiel an Trauerpfützler in *Der silberne Sessel* von C.S. Lewis. Es hätte überhaupt keinen Sinn, ihm zu sagen, er solle den Kopf nicht hängen lassen. Es ist einfach nicht seine Art, fröhlich zu sein!

Ist Depression erblich? Kann ich sie an meine Kinder weitergeben? Entwickelt jedes Kind, das mit mindestens einem depressiven Elternteil aufwächst, eine depressive Lebenseinstellung? Glücklicherweise nicht. Depressionen können aber vererbt werden. Sie können jedoch auch auf andere Weise entstehen – durch jahrelange Einschüchterung in der Schule, durch Gefühle des Ungeliebtseins oder der Ablehnung seitens eines Elternteils. – Viele Umstände können dazu führen, daß ein Kind depressiv wird. Es läßt sich kaum feststellen, ob das auf seine »Natur« (es ist so geboren) oder seine »Kinderstube« (es ist durch Umstände so geworden) zurückzuführen ist.

Depression und Verlust

Etwas zu verlieren, was große Bedeutung hat, ist ein deprimierendes Ereignis. Wenn wir aus unserm Haus ausziehen müssen, weil wir die Raten nicht bezahlen können, oder wenn wir einen kostbaren Besitz verlieren, dann sind wir natürlich traurig. Einen Menschen durch Tod, Scheidung oder eine anderweitig bedingte Trennung zu verlieren, ist oft sehr viel schwerer zu verkraften als der Verlust eines materiellen Objekts.

Es gibt aber auch andere Arten von Verlusten, die wesentlich schwieriger in den Griff zu bekommen sind. Zu meiner eigenen Depression hat mein Verlust an Selbstwertgefühl sehr stark beigetragen. Ich hielt mich für wertlos und dachte, ich hätte keine Daseinsberechtigung in dieser Welt. Wenn ich nicht glaubte, daß ich dazugehöre, fühlte ich mich unsicher. Es ist unmöglich, in dieser Welt gut zurechtzukommen, wenn unsere Gedanken von solchen Verlusten beherrscht werden.

Depression und Schuld

Für mich gehören Schuldgefühle zu den schwierigsten Dingen, mit denen ich in der Depression konfrontiert werde. Wenn ich mit anderen Menschen spreche, die auch unter Depressionen leiden, kommt unausweichlich das Thema Schuldgefühle zur Sprache. Mir ist völlig klar, daß der größte Teil der Schuldgefühle anderer unnötig ist. Sie sind einfach überempfindlich. Wenn es aber um meine eigenen Schuldgefühle geht, dann »weiß ich«, daß sie berechtigt sind!

Schuldgefühle sind sehr komplex. Es ist gar nicht leicht herauszufinden, wo sie herkommen. Natürlich ist Schuld real; und Schuldgefühle sind nötig. Wenn wir zum Beispiel wirklich jemanden verletzt haben, dann fühlen wir uns möglicherweise immer noch schuldig, obwohl wir längst um Verzeihung gebeten haben. Wenn wir so etwas mit Gewalt tief in unser Inneres verdrängen, geraten wir in Gefahr.

Es gibt eine Art Perfektionismus, der zu Schuldgefühlen führt. Ich kenne Frauen, die sich schuldig fühlen, wenn sie nicht direkt anschließend an eine Mahlzeit abwaschen, oder wenn eine Staubschicht in der Wohnung liegt, oder wenn das Essen nicht fertig ist, wenn die Familie es wünscht. Leute, die mich zu Hause besuchen, können feststellen, daß ich von dieser Art Perfektionismus weit entfernt bin. Manchmal – vielleicht unbewußt – knechten wir uns selbst mit unerreichbaren Standards. Manchmal fühlen wir uns schuldig, wenn wir in Wirklichkeit gar nicht schuldig sind.

Depression und Wut

Depression kann als die Kehrseite von Wut betrachtet werden. Myra Chave-Jones nennt sie »die eingefrorene Wut«. Das leuchtet mir sehr ein und anderen depressiven Menschen, mit denen ich mehr oder minder intensiv gesprochen habe, auch. Wenn wir uns nicht sicher genug fühlen, um unsere Wut zum Ausdruck zu bringen, unterdrücken wir sie. Unser Körper versucht, diese »heruntergeschluckte« Wut in sich zu verschließen, aber es gelingt ihm nicht, und Depressionen, ein Magengeschwür oder ein Herzanfall sind die Folge.

Depression und die Belastungen des Lebens

Eine Scheidung, ein Umzug, Probleme am Arbeitsplatz oder mit den Kindern – all das reicht aus, um das Gefühl zu haben, mit dem Leben überfordert zu sein. Der Schlüssel zur Überwindung einer Depression, die auf Belastungen zurückzuführen ist, besteht darin, unser Streßniveau festzustellen und eine Zeit der Erholung einzuplanen. (Wir werden später, in Teil 4, einen Plan zur Erholung erarbeiten.)

Wir können vieles in der Welt nicht ändern, aber wir müssen deshalb nicht immer alle Belastungen auf uns nehmen.

Depression und Frauen

Mehr Frauen als Männer erkranken an Depressionen. Dafür könnte es viele Gründe geben wie zyklisch bedingte Hormonschwankungen, Schwangerschaften usw.

Aber eine Frau kann es auch nie recht machen. Wenn sie zu Hause bleibt und sich um ihre Kinder kümmert, hat sie Langeweile. Wenn sie arbeitet und ihre Kinder in einer Kinderkrippe unterbringt, ist sie eine schlechte Mutter. Selbst wenn keiner das wirklich ausspricht, reden wir es uns doch selbst ein! Schuldgefühle, daß wir unserer Aufgabe als Mutter, Ehefrau, Freundin, Kollegin oder einfach als Mensch nicht gerecht geworden sind, steigen sehr leicht in uns auf.

Wenn wir versuchen, aus dem Raster auszubrechen, in das die Gesellschaft die Frau hineinpreßt, fangen die Schwierigkeiten erst richtig an! Ich weiß nicht, warum das so ist. Aber es ist interessant, daß Frauen oft als Sündenbock für viele Übel in unserer Gesellschaft herhalten müssen. Alle Probleme, die nicht von Müttern verursacht worden sind, gehen auf das Konto der Lehrerinnen. So bin ich als Lehrerin und als Mutter gleich doppelt betroffen! Ich las einmal in einem Zeitungsbericht von einer Studie, bei der herausgefunden wurde, daß Frauen, wenn sie mit Symptomen wie Herzklopfen zum Arzt gehen, meistens Beruhigungsmittel und Psychopharmaka verschrieben bekommen. Wenn jedoch Männer über dieselben Symptome klagen, werden sie eher auf Herzleiden hin untersucht. Ich vermute, daß man als Mann widerstandsfähig und hart sein muß, aber nicht depressiv oder ängstlich. Ich könnte mir vorstellen, daß es für einen depressiven Mann unglaublich schwer ist, damit umzugehen.

Depression ist kompliziert

Depressionen lassen einem nicht mehr viel Reserven für die Schicksalsschläge des täglichen Lebens. Ein Todestag jährt sich, es regnet, Sie fühlen sich noch etwas schlapp nach einer Magenverstimmung. Wenn dann der Toast anbrennt, ist das eine ziemliche Katastrophe, und wir rutschen ab.

Dinge, die uns vorher nicht gestört haben, kommen jetzt an die Oberfläche und verursachen Schmerzen. Die Depression nach einer Kündigung muß nicht ursächlich auf diese Ablehnung zurückzuführen sein. Nöte aus der Kindheit können an die Oberfläche kommen und müssen nun verarbeitet werden.

Vielleicht ist das einzige, was wir mit Sicherheit über Depressionen sagen können, daß sie irrsinnig kompliziert sind!

Die Ursachen der Depression sind komplex, und ein wichtiger Bestandteil unseres Aufstiegs ist der Versuch, die Gründe dafür zu verstehen, warum wir am Fuß der Felswand sitzen. Wir müssen hören, was uns unser Körper mitzuteilen versucht, und verschüttete Erinnerungen freilegen. Es ist nicht leicht, diese Gründe herauszufinden. Es ist unangenehm, und wir können nicht über Nacht damit fertig werden. Aber in diesem Buch geht es darum, uns auf den Weg zu machen.

Hier kommen ein paar erste Schritte:

▷ Zeichnen Sie ein ähnliches Diagramm wie in diesem Kapitel (S. 30). Versuchen Sie ein paar Dinge zu ergänzen, durch die Ihr Leben aus der Bahn geworfen wurde.

▷ Fangen Sie an, Ihre eigene Geschichte zu erzählen. Sie können das tun, indem Sie die entscheidenden Ereignisse zusammenfassen. Was waren die wirklich wichtigen Augenblicke in Ihrem Leben?

Ein Weg von tausend Meilen beginnt mit einem ersten Schritt.

Mehr über *negatives Denken* finden Sie in Kapitel 18; *Wut* Kapitel 22; *Schuldgefühle* Kapitel 23; *Verluste* Kapitel 26; *Streß* Kapitel 27; *das »gutgenug«-Prinzip* Kapitel 9.

7

Nett sein zu sich selbst

Es kann sein, daß, wer am meisten leistet, auch am meisten träumt.
Stephen Leacock

Wenn Sie depressiv sind, fällt es Ihnen schwer, nett zu sich selbst zu sein. Sie neigen dazu, sich selbst abzuwerten, Ihre negativen Eigenschaften zu betonen und auf irgendeine höchst merkwürdige Weise zu dem Schluß zu kommen, daß Sie diese Depression verdient haben.

Wir müssen lernen, nett zu uns selbst zu sein, sowohl wenn wir unten an der Felswand stehen, als auch wenn wir den Aufstieg in Angriff nehmen. Und wie können wir lernen, nett zu uns selbst zu sein?

◆ Es ist mühsam! Besonders wenn wir glauben, daß wir diese »Strafe« irgendwie verdienen. (In unsern Augen ist sie einfach ein Stück weit der Beweis, daß Gott die Nase voll hat von uns und sich deshalb dazu entschlossen hat, einen Donnerschlag der Depression auf uns herabzuschleudern.)

◆ Seien Sie realistisch. Niemandem geht es besser, der sich zwingt, die Grenze seiner Leistungsfähigkeit zu überschreiten, oder der herumsitzt und jammert oder sich selbst einredet, daß alles perfekt sein muß. Das alles führt eher dazu, daß wir noch tiefer an der Felswand herunterrutschen.

◆ Akzeptieren Sie Ihre Situation. Wenn wir uns hartnäckig weigern zu glauben, daß wir wirklich depressiv sind oder uns schuldig fühlen, daß es so ist, oder nicht zugeben, wie schrecklich weh es tut, dann werden wir den Aufstieg auf den Gipfel des Berges nur hinauszögern.

◆ Haben Sie Geduld. Wir erreichen beim Bergsteigen normalerweise keinen Gipfel, indem wir einfach nur dort oben hinwollen. Dieses Wollen ist ein phantastischer Ausgangspunkt, aber der Aufstieg als solcher kostet Zeit und Mühe. Es ist wie bei einer Diät. Geduld ist der Schlüssel. Wenn Sie schnell abnehmen, kommt Ihr Gewicht sofort zurück, sobald Sie nach einem Stück Schokolade greifen. Ebenso ist auch zur Überwindung der Depression die langfristige Methode die beste.

◆ Ruhen Sie sich viel aus. Viele von uns spüren eine überwältigende Müdigkeit, wenn sie depressiv sind. Sie vermischt sich mit Gefühlen, daß es sich ohnehin nicht lohnt, überhaupt irgend etwas zu tun. Darum werden wir nicht immer erkennen, daß diese Müdigkeit eine komplexe Mischung aus Verzweiflung, erschöpfender Angst und Streß sein kann. Wir brauchen viel Schlaf, aber manchmal fällt das Schlafen während einer Depression schwer. Schlaftabletten zu nehmen, ist in den wirklich schlimmen Zeiten völlig in Ordnung.

◆ Treiben Sie viel Sport. Obwohl wir uns oft erschöpft fühlen, wenn wir nur zehn Minuten wach sind, kann die Müdigkeit durch die Bewegung überraschend nachlassen. Sport baut außerdem Streß ab. Aber seien Sie behutsam.

◆ Tun Sie, was Ihnen Spaß macht. Es ist nicht egoistisch, sich einen schönen Tag zu machen und Vögel zu beobachten oder ins Kino zu gehen. All das ist Teil unserer Überlebensstrategie, und jeder braucht eine für sich.

Praktische Tips

Was kann ich heute tun, um nett zu mir zu sein?

▷ Erstellen Sie eine Liste der Dinge, die Sie gerne machen. Hängen Sie diese Liste an einem gut sichtbaren Ort auf. Ergänzen Sie alles, was Ihnen später noch einfällt.

▷ Nehmen Sie sich Zeit, einige dieser Dinge zu tun!

Teil 3

Ist der Aufstieg etwas für mich?

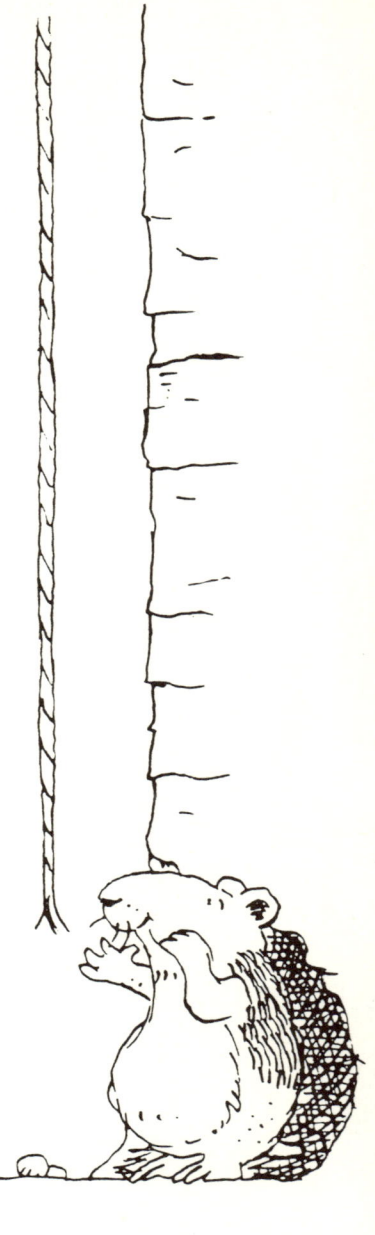

8

Jemand, mit dem ich reden kann

Ich bin ein geistlicher Mensch, und Beten ist nützlich.

Madonna

Wenn wir den Aufstieg aus der Depression ins Auge fassen wollen, kommen viele Fragen auf, die nach einer Antwort verlangen. Der Aufstieg aus der Depression ist ebenso schwierig und stellt ebenso hohe Anforderungen wie der Aufstieg an einer Felswand.

◆ Bin ich sicher, daß sich die Mühe lohnt?
◆ Wie wird es werden?

Wenn wir uns für den Aufstieg entscheiden, brauchen wir bestimmte Dinge dazu. Als erstes brauchen wir jemanden, mit dem wir reden können. Einen Menschen zu finden, der einen wirklich versteht, ist tatsächlich eine große Beruhigung. Vielleicht ist das der Grund, warum Gesprächstherapien bei der Behandlung depressiver Menschen so erfolgreich sind. Mit einem anderen Menschen in einer tiefen Beziehung zu stehen, ist heilsam – es ist jemand da. Ich bin nicht völlig allein. Jemand schätzt mich.

Sprechen wir über unser inneres Chaos aus Hoffnungslosigkeit und Verzagtheit, dann ist das größte Geschenk für uns, wenn unser Gegenüber sensibel und behutsam damit umgeht. Wir fühlen uns verstanden, wenn jemand unser wirres Kauderwelsch nimmt und vorsichtig wie einen verletzten Schmetterling behandelt.

41

Die Welt erscheint uns nicht mehr so bedrohlich. Es muß gar nichts gesagt werden; wir brauchen nicht immer Worte als Trost. Es reicht der Blick, die Annahme unserer Person, so wie wir sind. Es hilft uns zu empfinden, daß diese entsetzlich verzehrenden Schmerzen, die wir so verzweifelt und immer unzureichend versuchen zu schildern, geteilt werden und darum ein wenig erträglicher sind.

Für einen Moment verschwinden der Schmerz und die furchtbare Einsamkeit. Wir fühlen ein Ziehen am Rettungsseil. Es hat eine lautlose Wirkung auf unseren Körper. Wir sind mit einem menschlichen Wesen in Berührung gekommen. Etwas in unserer inneren Welt fühlt sich gestärkt. Ein grundlegendes menschliches Bedürfnis ist gestillt, wenn auch nur für kurze Zeit.

Auch wenn wir kleine Teilstücke des Aufstiegs alleine bewältigen können, ist es doch viel besser, wenn wir jemanden haben, mit dem wir reden können.

Zu viele Köche . . .?

Aber dieses Mitteilen kann uns auch in große Gefahr bringen. In dem Bewußtsein, daß wir dieses menschliche Mitleid und Miteinander brauchen, können wir mit zu vielen Menschen sprechen. Vielleicht meinen wir, wenn wir genügend Leuten etwas von uns mitteilen, ist wenigstens einer dabei, der uns versteht.

Es ist gefährlich zu versuchen, mit vielen Menschen zu reden und sich von vielen abhängig zu machen. Denn zu viele Rettungsseil-Träger verderben den Aufstieg. Unsere Unschlüssigkeit darüber, wer das Rettungsseil halten soll, kann Menschen verunsichern. Sie wissen dann nicht, ob gerade sie sich für den Fall eines Absturzes besonders fest abstützen sollen, um genügend Halt geben zu können.

Wenn wir mit zu vielen Menschen reden, kann uns das auch zur Oberflächlichkeit verleiten. Wenn wir unsere Ängste und unsere

Einsamkeit einem einzigen Freund mitzuteilen versuchen, hilft uns das, tiefer in das Problem einzudringen. Wenn wir es sechs Leuten erklären, bleiben wir an der Oberfläche. Wahrscheinlich tun wir es deswegen auch.

Vertrauen

Einen echten Freund oder eine echte Freundin zu finden, ist ein Geschenk. Aber es ist kein Geschenk, was leicht zu bekommen ist. Es ist auch sehr schwer, es anzunehmen, und erfordert eine Menge Vertrauen. Dennoch müssen wir jemanden finden, dem wir vertrauen können, wenn wir erfolgreich aufsteigen wollen.

Wenn wir den Aufstieg wagen in der Abhängigkeit von einem einzigen Menschen, der das Rettungsseil hält, kann er uns leicht enttäuschen. Das wissen wir. Wenn wir abrutschen und unser ganzes Gewicht an ihm hängt, sind wir vollkommen davon abhängig, daß er sich selbst abstützt. Wir verlassen uns auf seine Fähigkeit, das Seil festzuhalten, das durch seine Finger gleitet.

Wenn wir am Fuß der Felswand über einen Aufstieg nachdenken, fühlen wir uns vielleicht nicht fähig, dieses Risiko auf uns zu nehmen. Vielleicht ist niemand da, kein Mensch, dem wir im Moment das Rettungsseil anvertrauen wollen.

Eine ganze Menge Teilstücke des Aufstiegs haben mit Vertrauen zu tun. Die Stimme des Bergführers unter uns ruft uns zu, daß links ein wenig oberhalb ein Felsvorsprung zum Festhalten ist, den wir nicht sehen können. Wenn wir einen Vorstoß wagen, vertrauen wir auf das Rettungsseil und die Kraft desjenigen unter uns, der das andere Ende festhält, wenn wir fallen. Oftmals folgen wir Ratschlägen blind in dem Glauben und Vertrauen, daß der Rat unseres Bergführers richtig ist.

Wenn wir den Aufstieg ins Auge fassen, müssen wir darüber nachdenken, wem wir vertrauen.

Zum Nachdenken

▷ Wem vertraue ich?
▷ Wem könnte ich lernen, zu vertrauen?

Mich selbst rückhaltlos und ehrlich zu offenbaren, erfordert die roheste Art des Muts.
John Powell

9

Das »gutgenug«-Prinzip

Eine andere Sache, die wir lernen müssen, wenn wir den Aufstieg in Angriff nehmen wollen, ist das »gutgenug«-Prinzip. (Diesen Ausdruck hat der Psychologe D.W. Winnicott geprägt.)

Die Vorstellung, »gutgenug« zu sein, hat mir in den Jahren meiner Depressionen enorm geholfen: in meiner Situation als Mutter, dann in meinem Berufsleben und beim Erreichen der Lebensmitte. Das »gutgenug«-Prinzip besagt, was wir getan haben – am Arbeitsplatz, zu Hause, im Garten oder wo auch immer, ist vielleicht nicht phantastisch, vielleicht auch nicht perfekt, vielleicht noch nicht einmal unsere persönliche Bestleistung, aber vielleicht gut genug. Reicht es aus? Das ist die eigentliche Frage.

Diejenigen unter uns, die einen Hang zum Perfektionismus haben, oder die nicht sehr an sich selbst glauben, oder die so viel zu tun haben, daß sie die Dinge einfach nicht so gut machen können, wie sie gerne möchten, deren Leben kann revolutioniert werden, wenn sie das »gutgenug«-Prinzip begreifen. Wenn Sie

◆ ständig den Staub sehen, der Ihnen sagt, wie schlecht Sie Ihre Hausarbeit verrichten,
◆ Ihre Kinder betrachten und denken, Sie müßten unbedingt mit ihnen in den Park gehen und etwas ganz Besonderes mit ihnen machen,
◆ einen Kuchen aus dem Ofen holen und denken, wie schlecht er Ihnen gelungen ist,
◆ an Ihrem freien Tag zur Arbeit gehen,
◆ sich immer an Maßstäben außerhalb Ihrer selbst messen, also versuchen, eine ebenso gute Köchin zu sein wie Ihre Schwiegermutter, oder Ihre Arbeit ebenso gut zu machen, wie der Kollege im Büro nebenan . . .

   . . . dann müssen Sie die Dinge ganz neu überdenken.

Ist es »gutgenug«?

Die Frage, »Ist es gutgenug?«, ist eine wahre Rettung.

◆ Ich bin vielleicht kein perfektes Elternteil, aber den Kindern geht es gut, also bin ich wohl »gutgenug«.
◆ Ich mache diese Arbeit vielleicht nicht so gut, wie ich es unter anderen Umständen könnte, aber es ist »gutgenug«.
◆ Ich bin vielleicht nicht die beste Köchin der Welt, aber es schmeckt so, daß man es essen kann.
◆ Ich habe dieses Regal vielleicht nicht besonders gut aufgebaut, aber es steht einigermaßen gerade.
◆ Vielleicht kann ich das nicht so gut wie Charlie, aber ich bin »gutgenug«.

Unsere Maßstäbe verändern

Wenn wir versuchen, Dinge perfekt zu machen, kann das bedeuten, sie weniger gut zu machen. Kann ich lernen zu akzeptieren, daß es in Ordnung ist, etwas gut genug zu machen? Manchmal sind meine Maßstäbe (oder die anderer Leute) nicht realistisch.

Warum ist es wichtig für mich, eine wunderbare Mutter / Kollegin / Chefin / Christin / Patientin / Partnerin / Tochter zu sein?

Ich schlingerte herum in all meiner Unzulänglichkeit und meiner inneren Not und Einsamkeit, und ich sehnte mich verzweifelt danach, etwas zu sein. Ich sehnte mich nach einem Ausweg aus dem Zustand, in dem ich mich befand ... einer tiefen Unzufriedenheit in mir, eigentlich einer tiefen Abneigung gegen mich selbst.

Anthony Hopkins

Praktische Tips

▷ Finden Sie heraus, was nicht »gutgenug« zu sein scheint.

▷ Arbeiten Sie an der Vorstellung, »gutgenug« zu sein.

10

Strategien zum Leben

Schmerz ist ein Lehrer, von dem wir viel lernen können.

John Powell

Wir müssen uns einige Strategien für unser Leben aneignen. Nicht nur die schlechten Tage erfordern eine Art Konzept. Wir klettern besser, wenn wir eine generelle Strategie für jeden Tag haben.

Ich hatte keine Strategien für mein Leben, bevor ich Depressionen bekam. Alles war dem Zufall überlassen. Als die schlechten Zeiten und Krisen kamen, wurde ich hin und her gestoßen und gezogen, von einer Sache zur anderen. Ich hatte niemals das Gefühl, irgendwie Kontrolle über mein Leben zu haben. Was immer mir widerfuhr, traf mich voll ins Gesicht. Es schien, als könnte ich nichts dagegen machen.

Inzwischen manövriere ich mich selbst viel gezielter durch die schlechten Zeiten hindurch. Anstatt beim ersten Anzeichen von Schwierigkeiten umzufallen, suche ich mir einen Zufluchtsort. Wenn Gesteinsbrocken die Felswand herunterstürzen, kann ich mich ducken.

Jede Krise und jedes Tief ist jetzt eine Art Herausforderung. Mit dem Bewußtsein, insgesamt mehr Kontrolle zu haben, kann ich mir regelrecht zuschauen, wie ich damit umgehe. Das ist etwas komisch, aber es gibt mir ganz stark das Gefühl, etwas erreicht zu haben, selbst wenn mir im Magen immer noch flau wird und mein Körper nach Valium schreit.

Wenn die Katastrophe hereinbricht und ich die Panik in mir aufsteigen fühle, dann weiß ich . . .

◆ an diesem Punkt habe ich schon so oft gestanden, daß ich damit fertig werde, genau wie beim letzten Mal,
◆ daß ich immer besser lerne, mich festzuhalten,
◆ daß ich jetzt einen Plan für die schwierigen Zeiten habe.

Während ich das denke, weiß ich, daß mein Fuß auf einem Felsvorsprung steht, der sich ausgesprochen unsicher und bröckelig anfühlt, und ich empfinde, daß ich jeden Moment abstürzen kann. Ich schaue mir all die positiven Dinge an, die ich hier beschreibe, und sie sind sehr weit weg von dem, wie ich mich jetzt gerade fühle. Aber irgendwie habe ich ausreichend oft überlebt, um zu glauben, daß ich gerade genug Kraft bekommen werde, um mich festzuhalten. Mit jedem Mal, wo ich überlebe, scheint meine Fähigkeit zu wachsen, mich an der Felswand festzuklammern.

Das Problem ist, daß wir manche Dinge nicht kontrollieren können. Sie treffen uns, einfach weil sie da sind. Heute hörte ich, daß der Sohn einer Freundin im Alter von 25 Jahren gestorben ist. Wenn ich mir die Nachrichten im Fernsehen anschaue, sehe ich, wie Familien um ihre Angehörigen weinen.

Wenn wir diese Dinge hören, sind wir sicher, daß wir niemals damit fertig werden würden, wenn uns das selbst zustieße. Wir wagen es kaum, unseren wahren Gefühlen ins Gesicht zu schauen. Wenn mein eigenes Kind gestorben wäre, hätte ich mich einfach zusammengerollt und wäre selbst gestorben, glaube ich. Dennoch ist eine der Strategien zum Leben, nicht in der Welt des »was wäre, wenn . . .« zu leben, weil wir nach und nach lernen, daß wir irgendwie die Kraft bekommen, um mit den Umständen fertig zu werden. Eine Freundin sagte mir über den Tod ihres Babys: »Du bekommst die Kraft, wenn es passiert, und dann immer gerade genug für jeden einzelnen Tag.«

Wir brauchen eine Maske, um zu überleben

Jeder Mensch hat drei Charaktere – den, den er zur Schau stellt, den, den er hat, und den, den er zu haben meint.

Alphouse Karr

Man hat die Vorstellung, daß depressive Menschen niemals lächeln oder ständig herumhängen und unfähig sind, irgend etwas zu tun. Manche erleben das wirklich teilweise so, aber anderen fällt es leicht, zu lachen und fröhlich zu erscheinen – und tatsächlich auch fröhlich zu sein. Depressive Menschen behalten immer noch ihren Sinn für Humor, und Lachen ist eine gute Ausweichtaktik. Und es kann ein wichtiger Bestandteil unserer Maske sein, die wir der Außenwelt präsentieren.

Eine Maske muß nicht immer als negativ betrachtet werden. Sie kann eine wichtige Überlebensstrategie darstellen. Eine Maske hat eine gute und eine schlechte Seite.

Die gute Seite der Maske

Wir lernen: Wenn wir fröhlich sind, bessert sich irgendwie auch unser Gemütszustand. Wenn wir die Anstrengung auf uns nehmen und es wirklich schaffen, morgens das Haus zu verlassen und unserem normalen Alltag nachzugehen, merken wir zu unserem Erstaunen, daß es geht. Es ist meistens gar nicht so schlimm, wie wir dachten. Der Tag, wie wir ihn uns um fünf Uhr morgens vorstellen, erscheint nachmittags um fünf gar nicht mehr so schlimm, wenn wir das meiste davon schon hinter uns haben. Natürlich gibt es manche Tage, die so unerträglich furchtbar sind, daß wir uns wünschten, wir hätten uns nicht aufgerafft.

Mir hat einmal jemand gesagt, daß man so werden kann, wie man sich verhält – »Glücklichsein ist eine Entscheidung«, und so weiter. Damals hielt ich das für einen ziemlichen Blödsinn. Dennoch scheint darin ein Körnchen Wahrheit zu liegen.

Die schlechte Seite der Maske

Wir können uns dahinter verstecken und niemals der Wahrheit, wie wir uns wirklich fühlen, ins Auge schauen. Die meisten von uns machen das die meiste Zeit ihres Lebens so. Wir geben vor, wir hätten keine Angst. Wir geben vor, wir seien zuversichtlich. Wir machen ein tapferes Gesicht. Wir vergraben unsere Gefühle.

Vergrabene Gefühle

Wir müssen unsere vergrabenen Gefühle freilegen. Wir haben sie lebendig begraben, und sie werden sich mit der Zeit freikämpfen. Wenn diese Gefühle hervorbrechen, können wir sie nicht erkennen als das, was sie sind. Wir haben sie so lange vergraben, daß wir vergessen haben, wozu sie gehören. Darum bricht unsere Kindheitsangst vor dem Verlassenwerden in einer Krisenzeit durch. Aber wir bringen sie nicht als Angst zum Ausdruck. Statt dessen sind wir verwirrt von unserem Gefühlszustand und reagieren uns vielleicht an jemandem ab, den wir lieben. Die Angst ist in Aggression umgeschlagen.

»Männer weinen nicht«, höre ich eine Mutter im Kindergarten zu ihrem Fünfjährigen sagen – und er verbirgt seine wahren Gefühle. Der verletzte kleine Junge zieht sich zurück. Es überrascht mich überhaupt nicht, daß dieser Junge, der so lieb war, als er in den Kindergarten kam, mit neun Jahren ein ziemlicher Schlägertyp geworden ist. Die verletzten und aggressiven Gefühle sind immer noch irgendwo in ihm. Jemand hätte sie mit Trost und Zärtlichkeit aus ihm herauslocken können, als er fünf war, aber niemand tat es. Wenn man ihn hätte weinen und schreien lassen, wäre ihm vielleicht geholfen gewesen, weil er zumindest seine wahren Gefühle zum Ausdruck gebracht hätte zu der Zeit, als er sie empfand.

Die erste Bedingung, um mit anderen in Frieden leben zu können, ist die, mit sich selbst in Frieden zu sein.

Aristide Gabelli

Die meisten von uns wissen, daß wir Gefühle vergraben. Der »schwierige« Teenie rebelliert möglicherweise gegen ein Erlebnis, das er im Alter von sieben Jahren hatte. Ein heftiger Streit, der sich heute in der Familie abspielt, kann auf eine Begebenheit von gestern oder aus dem letzten Jahr zurückzuführen sein. Damals wurde sie nicht als belastend erkannt und darum auch nicht besprochen.

Unsere Depression hat oft mit diesen vergrabenen Gefühlen zu tun, die darum kämpfen, wahrgenommen zu werden. Wenn wir uns entscheiden und sagen, »der Aufstieg ist etwas für mich«, dann müssen wir daran arbeiten, uns mit ihnen auseinanderzusetzen.

Zwei Arten von Schmerzen vergessen wir. Wir vergessen Verletzungen, die zu unbedeutend sind, um uns zu ärgern. Wir vergessen Schmerzen, die für unser Gedächtnis zu schrecklich sind, um sie zu ertragen.

Lewis Smedes

Zum Nachdenken

Wenn wir uns dabei erwischen, wie wir uns unerwartet verhalten, können wir Hinweise auf unsere vergrabenen Gefühle bekommen.

- ◆ Warum fühle ich eine Spannung bei dem Gedanken, daß diese bestimmte Person zu Besuch kommt?
- ◆ Warum habe ich mich über eine so unwichtige Sache dermaßen aufgeregt?
- ◆ Warum habe ich gerade in diesem Moment solch eine Panik gehabt?

Praktische Tips

Es gibt alle möglichen Entspannungstechniken auf dem Markt. Darum müssen wir herausfinden, welche für uns persönlich am besten geeignet ist. Ich habe gemerkt, daß mir der folgende Ablauf recht gut tut:

▷ Ein paar einfache Gymnastikübungen, wenn mir danach ist.

▷ Ruhige Musik hören.

▷ Einige Male tief durchatmen.

▷ Sich auf die Erde oder aufs Bett legen und jedes einzelne Glied des Körpers nacheinander anspannen. Fangen Sie an, indem Sie die Füße und die Beine anspannen, bleiben Sie so für ein paar Sekunden und lassen Sie wieder locker. Dann spannen Sie die Muskeln um die Hüften herum an, bleiben kurz so und lassen wieder locker. Arbeiten Sie sich auf diese Weise nach und nach durch jeden Bereich Ihres Körpers, und vergessen Sie nicht den Nacken und das Gesicht.

▷ An Tagen, wo ich mehr Zeit habe, unterteile ich das Anspannen in noch kleinere Bereiche – Füße, Wadenmuskeln, Knie usw., alle einzeln.

▷ Schließen Sie ab, indem Sie alle Muskeln, bei denen es irgendwie möglich ist, anspannen, festhalten und loslassen.

▷ Wiederholen Sie den Ablauf vom Durchatmen bis hierher, wenn Sie es immer noch schwierig finden, sich richtig zu entspannen.

▷ Wenn die Muskeln entspannt sind, bleiben Sie einfach ruhig liegen. Hören Sie auf die Musik und denken Sie an etwas Schönes, zum Beispiel an einen Sonnenuntergang im Meer.

▷ Wenn Sie merken, daß sich Sorgen in Ihre Gedanken einschleichen, versuchen Sie sich auf etwas Gutes und Positives zu konzentrieren: Bilder, die Musik oder Fortschritte, die Sie gemacht haben. Selbst an Tagen, wo die Sorgen nicht weichen, helfen ein paar Minuten Entspannung und sind »gutgenug«.

Wenn Sie diese Entspannungsübungen regelmäßig machen, können Sie es mit der Zeit immer besser, und Sie erkennen leichter die ersten Anzeichen für Spannungen, die sich körperlich ausdrücken.

▷ Ein ausgiebiges Beruhigungsbad tut gut an Tagen, wenn die Sorgen sich besonders massiv breitmachen.

Zu *Entspannung bei Angstzuständen* siehe Kapitel 21.

Was ist mit professioneller Therapie?

Nicht jeder von uns hat einen Freund, der uns so zuhört, wie wir es brauchen. Selbst wenn wir aufrichtig geliebt und mit Freundschaft umgeben werden, brauchen wir manchmal einen anderen Menschen, mit dem wir reden können – jemand, der außerhalb der ganzen Situation steht. Vielleicht ist das der Zeitpunkt, an eine professionelle Beratung oder Therapie zu denken.

Die Wahl eines Therapeuten

Ich habe nicht die Kompetenz, irgend etwas über die verschiedenen Therapiemethoden zu sagen. Ich kann nur beschreiben, was ich selbst erlebt habe und was mir von Freunden erzählt worden ist. Wenn Sie mehr wissen möchten über spezielle Therapieformen, zum Beispiel, was ein »kognitiver« Therapeut ist oder einer, der nach C.G. Jung arbeitet, benutzen Sie bitte die Literaturliste am Schluß des Buches.

Meine eigenen Grundregeln sind:

◆ Alles, was von der Krankenkasse bezahlt wird und nicht sündhaft viel Geld kostet, ist zumindest einen Versuch wert.

◆ Wenn der Therapeut offensichtlich freundlich ist (und nicht hinter seinem Schreibtisch sitzt mit einem weißen Kittel und Ihnen sagt, wie dumm Sie sind), dann lohnt es sich ebenfalls, die Sache weiter zu verfolgen.

◆ Wenn Ihnen lediglich Medikamente angeboten werden, brauchen Sie außerdem noch etwas anderes.

◆ Glauben Sie, daß Sie mit dieser Person zurechtkommen? (Sympathie, Vertrauen?)

◆ Nutzen Sie die Möglichkeit, Schnupper-Termine wahrzunehmen, und scheuen Sie sich nicht, die Sache nach zwei Therapiestunden abzubrechen, wenn Sie kein gutes Gefühl dabei haben.

◆ Wenn Therapien ein Vermögen kosten, aber zu helfen scheinen, lassen Sie sich trotzdem nicht festnageln. Es könnte sein, daß Sie um der Honorarzahlung willen eine Weile bei der Stange gehalten werden sollen. Gehen Sie mit Zurückhaltung an die Sache heran.

Die Therapie überleben

Ich habe mir ein paar Überlebenshilfen für Therapien angeeignet. Sie anzuwenden, ist keine leichte Entscheidung.

Es ist hart, aber wenn wir es schaffen zu überleben, kann es die allerhilfreichste Sache sein, die wir überhaupt tun konnten, um aus der Depression herauszukommen. (Das ist natürlich kein Versprechen.)

Hier sind meine Überlegensregeln:

- Es erfordert eine Menge Mut, doch sagen Sie dem Therapeuten, wenn Sie entsetzt sind.

- Erwarten Sie, daß alles erst einmal sehr viel schlimmer wird, bevor eine Besserung eintritt.

- Wenn sich der Therapeut eindeutig als ein unsensibler Klotz erweist, machen Sie schnell, daß Sie wegkommen.

- Wenn der Therapeut versucht, Zusammenhänge herzustellen zwischen den Dingen, die Sie gesagt haben, und diese Rückschlüsse aus Ihrer Sicht überhaupt keinen Sinn ergeben, dann sollten Sie das unbedingt sagen. Wenn er darauf reagiert, indem er weiterforscht oder sich um eine andere Fährte bemüht, ist das ein gutes Zeichen.

  Wenn Ihnen jedoch die Erklärungen als völliger Blödsinn erscheinen und Sie das sagen und daraufhin in Ihre Schranken gewiesen werden, damit Sie sich möglichst klein fühlen, dann sollten Sie sich schnellstens zurückziehen. Aber Sie sollten die Sache vorher ansprechen.

- Geben Sie nicht einfach auf. Gehen Sie allen Problemen ausführlich auf den Grund.

- Es könnte sein, daß es an unseren unrealistischen Erwartungen liegt, wenn die Dinge schiefgehen. Überprüfen Sie das mit dem Therapeuten.

- Wenn das meiste, was der Therapeut sagt, Gemeinplätze sind, dann sollten Sie das aussprechen. Wenn die Reaktion zu einem echten Versuch der Kommunikation führt, machen Sie weiter.

- Jede Therapie ist schmerzhaft. Darum ist es nicht gut, wenn man sie deswegen abbricht. Wir müssen bereit sein, mit unangenehmen Dingen konfrontiert zu werden. Dennoch kann eine Unterbrechung richtig sein, wenn das Leben so bedrückend wird, daß unser Überleben gefährdet ist. Alles hat seine Zeit. In der Therapie können Anforderungen an Sie gestellt werden, die für Sie zu dieser Zeit nicht dran sind. Darum sagen Sie ruhig, daß Sie damit im Augenblick nicht umgehen können.

Ein jegliches hat seine Zeit,
und alles Vorhaben unter dem Himmel hat seine Stunde:
weinen hat seine Zeit, lachen hat seine Zeit;
klagen hat seine Zeit, tanzen hat seine Zeit;
schweigen hat seine Zeit, reden hat seine Zeit.

Aus Prediger 3

12

Vorbereitung auf schlechte Tage

Die Menschen fürchten die Stille ebenso wie die Einsamkeit, weil ihnen beides einen flüchtigen Eindruck vom Schrecken der Nichtigkeit des Lebens vermittelt.

André Maurois

Gefaßt sein auf schreckliche Gedanken

Als ich mich zu entscheiden versuchte, ob ich das Wagnis des Aufstiegs aus der Depression eingehen sollte, brachten mich zwei Dinge ins Wanken:

Das erste war etwas, das einmal jemand zu mir sagte, als ich sehr depressiv war: *Depression ist nicht das allerschlimmste auf der Welt.* Ich hielt das für sehr dumm. Natürlich ist Depression das allerschlimmste auf der Welt, dachte ich, das weiß jeder, jedenfalls alle sensiblen Menschen.

Aber das stimmt nicht. Die Dinge, die hinter der Depression stekken, sind viel schlimmer. Ich nenne diese Dinge die *höchst bedeutungsvollen Ursachen (hbUs)*. Herauszufinden, was unsere eigenen hbUs sind, gehört zu den entscheidenden Schritten unseres Aufstiegs aus der Depression.

Viele Psychologen denken sogar, daß Menschen in die Depression flüchten, weil es für sie noch schlimmer wäre, sich mit den Ursachen ihrer Depression auseinanderzusetzen.

In diesem Buch geht es immer wieder darum herauszufinden, was diese hbUs hinter der Depression sind. Viele Menschen haben ganz bestimmte Denk- und Verhaltensweisen, die sich seit ihrer Kindheit entwickelt haben, die sie aber gefangenhalten in Schuld, Angst oder Wut. Wir haben Überzeugungen über uns selbst und unsere Umstände, die uns in der Depression festhalten.

Gibt es wirklich noch etwas Schlimmeres als die leibhaftige Hölle der Depression? Wenn das stimmt, dann müssen diese *höchst bedeutungsvollen Ursachen* furchtbare Dinge sein, daß wir vor ihnen in so etwas flüchten!

Der andere wirklich furchtbare Gedanke ist, *daß wir den Schlüssel, um uns aus unserem Gefängnis zu befreien, selbst in der Hand halten.* Das behauptete jedenfalls ein Buch, das ich einmal las. Als ich dieses Buch zum ersten Mal aufschlug, fand ich das so lächerlich, daß ich nicht mehr als die erste Seite las. Ich war irritiert und ausgesprochen verstimmt darüber, wie jemand meinen könnte, ich bräuchte nichts weiter tun, als aufzustehen und mich aus diesem Höllenloch zu befreien.

Ich hatte die Aussage herumgedreht und sagte zu mir: »Also, es ist alles deine Schuld, du brauchst nichts weiter tun, als aufzustehen und dich selbst zu befreien – so arm dran bist du.«

Das Buch behauptete aber nicht, daß alles unsere »Schuld« ist. Das hatte ich falsch verstanden. Wir werden schließlich wirklich die Kraft haben, aus unserer Depression aufzustehen. Aber es ist nicht einfach. Es ist nicht unsere »Schuld«. Wir brauchen Mut und Hilfe, um das zu schaffen. Wir brauchen Trost. Wir brauchen sehr viel Zeit. Wir müssen hart daran arbeiten.

Vor allen Dingen müssen wir uns dafür entscheiden, aktiv unser Leben zu verändern. Ein endloses Verschieben auf morgen wird zu nichts führen.

Lernen, zur Veränderung bereit zu sein

Es ist schwierig, irgendeine Veränderung in unserem Leben ins Auge zu fassen. Sie zu planen, während wir gerade die Schmerzen der Depression durchleiden, ist fast unmöglich. Aber wenn wir den Aufstieg ernsthaft in Angriff nehmen wollen, dann müssen wir uns verändern. Andernfalls könnte das Leben so furchtbar bleiben, und die Depression kann uns jederzeit aus dem Hinterhalt überfallen.

Die meisten Veränderungen geschehen ziemlich langsam. Manchmal erfordert es Jahre der Geduld, bis sich manche sehr kleinen Dinge ändern. Das braucht gar nicht an unserer mangelnden Bereitschaft zur Veränderung zu liegen. Vielleicht wissen wir einfach nur nicht, *wie* man sich verändert. Ich wollte gerne die Hölle der Depression gegen ein »normales« Leben eintauschen, aber wie?

Wie verändern wir uns?

Die Voraussetzungen, um sich zu verändern, können bei jedem Menschen anders sein, weil die Depressionen sehr unterschiedlich sind. Bei mir ist im Laufe der Zeit viel Heilung dadurch geschehen, daß ich immer besser verstand, warum ich Depressionen hatte, aber vor allem, daß ein Mensch bei mir war, der mir helfen wollte.

Als ich schwere Depressionen bekam, nachdem mein erstes, sehnsüchtig erwartetes Baby geboren war, wurde ich mit Tabletten vollgestopft und bekam einen Haufen Zeug von Psychiatern erzählt. Einiges davon mag wirklich geholfen haben. Ich weiß es nicht. Eine wirkliche Lösung brachte aber erst die Erkenntnis, was hinter der Depression steckte. Das Problem war: Ich war gerade eben fähig, meine eigene, ziemlich zerbrechliche Existenz zu organisieren, zumal ich damals gerade versuchte, mit meinen Kindheits- und Jugendängsten, -phantasien und -traumata fertig zu werden. Doch jetzt war ich auch für dieses Kind verantwortlich, das ich willentlich ins Leben gerufen hatte. Dadurch kamen Kindheitstraumata aus ihren Gräbern gekrochen, wohin ich sie verbannt hatte. Also war mein Leben noch zerbrechlicher, weil ich den Aufstieg versuchte, während ich gleichzeitig diesen Säugling festhielt, der mich zu allen Tages- und Nachtzeiten beanspruchte.

Ich war erschöpft. Ich saß da und stellte mir Fragen, die mich furchtbar beunruhigten. Werde ich eine schreckliche Mutter sein? Wie werde ich mit der Verantwortung für das Kind und für mich fertig? Wird es genauso leiden, wie ich früher? Es ist alles viel zu furchtbar, um mich damit zu beschäftigen. Also werde ich ausweichen. Ich tue so, als wäre gar nichts: Depression!

 ## Sich mit den höchst bedeutungsvollen Ursachen befassen

Wir wären gerne bereit, unsere Depression gegen jede andere Art von Schmerz einzutauschen. Mittelalterliche Folterinstrumente scheinen uns harmlos zu sein, verglichen mit der Depression.

Aber unglücklicherweise nehmen wir die Situation nicht so wahr, wie sie wirklich ist. Solange unsere Depression nicht ausschließlich durch ein Ungleichgewicht in unserem körpereigenen Chemiehaushalt verursacht wird, sind die Ursachen tief vergraben in den Wirrungen unseres Lebens, unserer Lebensumstände, unserer Vorlieben und Abneigungen, unserer Träume und Phantasien, in unseren Kindheitserlebnissen und den Ängsten, die in jeder Kinderseele schlummern, wie gut unser Elternhaus auch immer gewesen sein mag.

Die rechte Zeit

Für manche von uns ist jetzt einfach noch nicht die rechte Zeit, sich mit all dem auseinanderzusetzen, was dahintersteckt. Ich weiß genau, daß ich mich ändern wollte, als ich versuchte, mich aus den Depressionen zu befreien. Aber ich bin nicht sicher, ob ich wußte warum, oder was ich ändern sollte. Und mit Sicherheit wußte ich nicht, wie ich mich ändern könnte, selbst wenn ich Zeit gehabt hätte, darüber nachzudenken, was nicht der Fall war. Die Windeln mußten gewaschen werden (damals waren Höschenwindeln noch nicht richtig dicht und leckten in alle Richtungen), die nächste Mahlzeit war vorzubereiten, Termine in der Kinderklinik waren wahrzunehmen und so weiter und so weiter.

Damals kannte ich meine höchst bedeutungsvollen Ursachen noch nicht. Wie sollte ich ihnen dann begegnen? Man kann sich nicht von etwas befreien, was man nicht kennt. Und wie kann sich jemand bemühen, seine hbUs kennenzulernen bei einem so übervollen Tagespensum oder wenn die Depression schon so schlimm ist, daß der grundsätzliche Wunsch zu überleben fraglich erscheint? Wenn wir dann noch nicht einmal so richtig wissen, wer wir eigentlich sind, werden wir wohl kaum Zugang zu unseren hbUs bekommen und uns aufraffen, aus der Depression herauszukommen.

Ich begegnete meinen hbUs nur gemeinsam mit einem anderen Menschen, dem ich vertraute und der mich genügend liebte, um mir zuzuhören. Jemand, der an mich glaubte und gleichzeitig die Weisheit hatte, mir zu helfen, damit ich entdecken konnte, was hinter allem steckte.

Solche Voraussetzungen für eine Veränderung sind nicht immer gegeben. Die meisten von uns konzentrieren sich nur auf das tägliche Überleben. Es ist wie beim Bergsteigen. Ich klettere, so gut ich kann. Ich habe keine Zeit, mir über meinen Stil Gedanken zu machen oder ein Lehrbuch zu benutzen. Ich klettere einfach. Ich vertraue dem Führer, und er hält das Rettungsseil und gibt mir Ratschläge. Aber ich kann sie nicht immer so befolgen, wie er das vielleicht erwartet.

Veränderung ist möglich

Denn wir bleiben nicht für immer in Depressionen stecken. Wir können etwas dagegen tun. Aber wir müssen uns sicher genug fühlen, um uns dem Ganzen stellen zu können.

Wenn wir uns entscheiden, daß wir wirklich etwas tun müssen, um unsere Situation zu verändern, dann sollten wir uns bewußt machen, daß ein nicht geringer Teil von uns das lieber nicht möchte. Veränderung ist fast immer ziemlich beängstigend.

Was hilft uns, damit wir uns verändern?

Wir können langsam erkennen, was uns depressiv macht, wenn wir die Dinge in unseren Verstand heraufholen. Tabletten können das niemals bewirken. Dennoch kann es für manche Leute recht hilfreich sein, bestimmte Medikamente zu nehmen.

Ich nehme zwar Antidepressiva ein, doch ich belasse es nicht dabei. Ich benutze sie als Hilfsmittel, damit das Leben erträglicher wird. Gleichzeitig versuche ich, das Chaos in meinem Kopf zu entwirren, das mich ursprünglich depressiv gemacht hat.

Ich möchte wissen, warum das geschah. Ich möchte wissen, was ich wirklich fühle. Ich möchte an dem Ort, wo ich stehe, mit meinen Zehen die Balance halten und versuchen, den nächsten Schritt auszuloten. Wenn ich mich richtig festhalte und mich nicht darauf verlasse, daß ich aufgefangen werde, stürze ich weniger leicht wieder ab.

Wenn ich verstehe, was mich depressiv gemacht hat, dann werde ich vielleicht in Zukunft nicht so schnell erneut von Depressionen befallen – oder wenn ich wieder depressiv werde, wird es vielleicht nicht mehr so schlimm.

Meine Methode, meine hbUs herauszufinden, ist, in mein Tagebuch zu schreiben. Es gibt mir Zeit und Raum zu entdecken, was mich beunruhigt. Ihre Methode ist vielleicht, zu malen oder laut Musik zu hören, oder im Park eine Runde zu joggen.

Lassen Sie sich nicht abschrecken von dem Gedanken, daß die Suche nach den Hintergründen der Depression ein sehr stark nach innen gerichteter Prozeß ist und irgendwie negativ zu bewerten sei. Ich bin sicher, es ist nicht schlimm, zu viel in sich hineinzuschauen, um die eigenen hbUs herauszufinden. Es ist unvergleichlich viel schlimmer, uns selbst nicht zu verstehen und depressiv zu bleiben, als das Risiko, es mit dem Nachdenken beim Tagebuchschreiben oder einer anderen kreativen Beschäftigung zu übertreiben.

Zeiten der Ruhe

Eine Möglichkeit, zur Ruhe zu kommen und auf uns selbst zu hören, ist, sich am Tag etwas Zeit für sich selbst und für das Hören auf Gott zu nehmen. Es ist so schwer für uns, den endlosen Tumult in unserem Verstand lange genug zum Schweigen zu bringen, um die Botschaften der Liebe, des Friedens und der Schönheit zu verstehen, die uns durch Worte der Bibel, durch Freunde oder Musik oder andere Dinge, die wir gern haben, entgegengebracht werden. Um uns von der Depression zu erholen, müssen wir still sein und die liebevolle Zuwendung Gottes bewußt in uns hineinlassen. Wir können in uns hineinhören und dem Widerschein der Musik, der Schönheit und der Liebe begegnen. In der Stille merken wir, daß wesentliche Gedanken und Gefühle in uns aufsteigen. Wir können Gott auf seine Worte der Liebe zu uns antworten. Diese Stille ist möglich, selbst in dieser lauten Welt.

Ein großer Teil unseres Aufstiegs besteht darin, unser inneres Wesen zu entdecken – unseren wahren Wert vor unserem Schöpfer zu sehen. Es gibt ein Wachstum hin zu mehr Selbstliebe. Nicht eine narzißtische Liebe – »Hoppla, ich bin die Größte«, sondern eine ehrliche Liebe zu uns selbst als wertvolle Menschen auf dieser Welt.

Der Weg hin zum Verständnis unseres inneren Wesens, unseres Herzens und unserer Seele hat unterschiedliche Formen. Ich glaube, daß uns Entspannung und Meditation aus Depressionen heraushelfen können. Es geht nicht darum, über das »Nichts« zu meditieren – wir müssen auswählen, worüber wir meditieren.

Meine Sammlung von Bildern und Gedichten, die ich neben meinem Bett aufbewahre, hilft mir. Ich habe ein wunderschönes Buch mit Psalmen in einer modernen Übersetzung. Das Buch enthält phantastische Fotos. Sie erinnern mich an einen Spaziergang mit Freunden in den Yorkshire Dales. Das hilft mir, über meine Gefühle hinwegzusehen und meinen Blick auf die Schönheit der Welt zu richten. Und wenn ich mir mein Bild von einem Papageientaucher anschaue, dann denke ich an das Meer und die Vögel und die Freiheit. Das tut gut.

Mein Lieblingsbild zeigt ein kleines Kind, das in der Hand Gottes geborgen ist. Ich liebe dieses Bild sehr! Ich versuche, mich wie dieses kleine Kind zu fühlen, geborgen, geliebt, wertgeschätzt.

Wir brauchen solche Dinge vor Augen, um uns zu entspannen und zu meditieren. Indem wir uns diese »guten« Bilder auswählen, entscheiden wir uns, den Gipfel der Felswand erreichen zu wollen.

Es sollen wohl Berge weichen und Hügel hinfallen, aber meine Gnade soll nicht von dir weichen, und der Bund meines Friedens soll nicht hinfallen, spricht der Herr, dein Erbarmer.

Jesaja 54,10

Was hilft?

Im Rückblick haben mir folgende Dinge geholfen, aus depressiven Phasen herauszukommen:

Meine Freundschaft zu einem Menschen, der mich bedingungslos annimmt und bereit ist, neben mir zu sitzen und meinen Kampf mit mir gemeinsam durchzustehen,
Therapie,
mit jemandem gemeinsam zu beten,

meine eigene Entschlossenheit, selbst dazu beizutragen, daß es mir
besser geht (reden, gut essen, Sport machen usw.),
Zeit zur Stille und zum Alleinsein zu finden,
mich zu entscheiden, den Gipfel der Felswand zu erreichen!

Praktische Tips

▷ Nehmen Sie sich Zeit zur Stille. Probieren Sie die Entspannungsübungen in Kapitel 10 aus und hören Sie dabei angeneh-
me Musik.

▷ Wenn Sie fähig sind, das Haus zu verlassen, dann machen Sie einen langen Spaziergang über Land oder im Park oder reservie-
ren Sie sich einen Platz für einen Nachmittag in einem Kloster
oder einer ähnlichen Einrichtung. Es erfordert ein wenig Mut,
überhaupt dort anzurufen, aber viele solche Häuser geben Menschen Raum, die einfach nur dasein und Stille haben möchten.
Sie brauchen mit niemandem sprechen, und Sie müssen auch
wirklich kein Kirchgänger sein.

▷ Machen Sie sich eine Überlebensliste für die schlechten Tage.
Halten Sie Bilder, Kassetten oder andere Dinge an einem Platz
bereit, wo sie leicht erreichbar sind (in einer Aktenmappe, einer
Tasche oder einem Beutel oder auf der Spiegelablage im Bade-
zimmer).

In diesem Abschnitt ging es um einige wichtige Dinge, die beim
Aufstieg in der Felswand eine Rolle spielen. Es ist nicht einfach. Wir
sind oftmals versucht, aufzugeben. Aber damit das Leben anders
wird, müssen wir uns auf den Weg machen. Sind Sie bereit?

Es ist nicht angenehm, im tiefsten Abgrund zu leben. Doch bleibt uns
der Trost, daß wir wissen, der Weg führt nur in eine einzige Richtung,
nach oben.

Ivy Rawkin Jeffers

Teil 4

Erste
Schritte

13

Wie fange ich an?

*Hoffnung bedeutet, weiter zu leben
inmitten von Verzweiflung
und weiter zu handeln
in Dunkelheit.*   *Henri Nouwen*

In einer psychiatrischen Klinik, in der ich langweilige drei Monate
verbrachte, gab es einen Krankenpfleger namens Frank, der immer
wieder versuchte, uns zu Gesprächen über unser Unterbewußtsein
zu bewegen. Ich sagte ihm, das sei unmöglich, denn Dinge, über die
ich spreche, können doch nicht mehr unterbewußt sein, oder? In
diesem Krankenhaus wurde erwartet, daß jeder seine Tabletten
schluckte und bei den Elektrokrampftherapien kein Theater machte, aber Gesprächstherapien gab es nicht.

Frank glaubte dennoch an die Kraft des Gesprächs, und deswegen
hatte er häufig Schwierigkeiten mit seinen Kollegen und den Patienten. Er überzeugte mich immer wieder davon, daß ich mit ihm
reden sollte, aber wenn ich dann durch irgend etwas in meiner Er-
zählung aufgewühlt wurde oder anfing zu weinen (was bei mir
ziemlich häufig vorkommt), verabreichte er mir eine solche Menge
Beruhigungsmittel, daß ich danach eine Woche lang krank war.

Es gab dort auch eine faszinierende Beschäftigungstherapeutin
mit Namen Mary. Sie war ebenso entschlossen, daß ich bei ihren un-
terhaltsamen Bastelstunden mitmachen sollte, wie ich entschlossen

war, es nicht zu tun. Sie fand meine Gedichte furchtbar, und ich fand ihr Korbflechten und ihr Federballspielen draußen bei Wind völlig albern. Aber eines Tages holte sie Farben und große Blätter Papier heraus und wollte, daß wir uns hinsetzten und den ganzen Nachmittag malten. Frank forderte uns auf, daß wir »die Depression malen«. Das war typisch für ihn, und die meisten Patienten waren irritiert und gingen nach und nach weg.

Ich sah jedoch, daß dieses von Frank angeregte Reden zu etwas hinführte, was der große Chefarzt mit seinen Schränken voll Tabletten niemals verstehen oder auch nur annähernd erahnen konnte.

Darum versuchte ich, meinem Bedürfnis zu widerstehen, mich beim Malen auf mein Zimmer zurückzuziehen, und saß eine Weile da, um zu überlegen, was Frank und Mary meinten. Nur drei von uns Patienten waren am Maltisch geblieben, und wir beklagten uns entnervt, daß wir nicht wüßten, was wir machen sollten.

Die Depression malen

Langsam mischten wir unsere Farben an und probierten etwas aus. Die ersten Versuche warfen wir weg. Wir hüllten uns in Schweigen. Ich erinnere mich noch, wie sich diese Stille anfühlte, und wie ich in Bereiche in mir eindringen konnte, die mir vorher nicht bewußt waren. Ich erinnere mich, daß ich mir die Frage stellte, was ich malen *wollte*. Durch einen ziemlich guten Kunstlehrer, den ich einmal in der Schule hatte, wußte ich, daß es wichtig war, etwas zu malen, was in diesem Augenblick eine Bedeutung für mich hatte.

Elsie malte Blumen, weil sie Blumen mochte und sie das an ihre Kindheit in Dorset erinnerte. Mark malte sein Haus, weil er gerne nach Hause wollte.

Ich konnte mich zu nichts entschließen. Ich entzog mich Franks bohrenden Fragen und versuchte, darüber nachzudenken, was in mir war und sich in Form von Malen ausdrücken ließ. Es war, als ob alles in Dunkelheit gehüllt sei, darum fing ich an, Dunkelheit zu malen. Ich merkte, daß ich einfach alles schwarz malen wollte. Das war mir peinlich. Irgendwie wollte ich ein schwarzes Loch malen. Ich wollte das Nichts malen. Ich wollte versuchen, diese entsetzliche Isolation zu Papier zu bringen.

So bemalte ich das ganze Blatt mit schwarzer Farbe. Dann machte ich einen neuen Versuch und malte große schwarze Wirbel, die den größten Teil des Blattes bedeckten, bis auf ein kleines Loch in der Mitte. Annette, meine beste Freundin auf Station, war zur Malrunde zurückgekehrt, um uns ein wenig Gesellschaft zu leisten, und sie teilte sich mit mir den Becher mit schwarzer Farbe und malte riesige Zahlen auf ihr Blatt. Frank versuchte, mit uns zu sprechen, aber keine von uns beiden kam aus ihrem schwarzen Loch heraus. Wir malten einfach schweigend.

Eine Ewigkeit saß ich da und versuchte zu ergründen, ob in meinem kleinen Loch in der Mitte etwas drin sein sollte. Ich wollte, daß es leer blieb, weil das genau dem entsprach, was ich fühlte. Ein großes, schwarzes Loch mit einem kleinen Lichtschimmer darin – aber irgendwie stimmte das nicht ganz. Ich versuchte es noch mit anderen Bildern. Ich malte einen tiefen dunklen Schacht und mich, wie ich ganz unten kauerte, unfähig, dort herauszukommen (alles in Schwarz), und dann ein anderes Bild, das meine Kinder darstellen sollte, aber schließlich ein Weltraumbild wurde. Die ganze Zeit über wußte ich, daß ich zu meinem kleinen Loch in dem früheren Bild zurückkehren mußte.

Es dauerte sehr lange, bis ich herausgefunden hatte, was in dieses Loch hineingehörte. Schließlich malte ich ein ganz einfaches christliches Symbol hinein, ein Kreuz. Ich spürte, das war es. Es war ein furchtbar dunkles, einsames Loch, aus dem es keinen Ausweg zu geben schien. Aber ich hatte die vage Hoffnung auf einen Gott irgendwo dort oben. Wenn alles, was ich über ihn in der Schule gelernt hatte, auch nur irgend etwas bedeutete, dann war das Gottes große Chance, einzugreifen. Ich wußte nicht, was ich konkret erwartete, aber dieses Gemälde bedeutete sehr viel für mich.

Gab es noch Hoffnung?

Es zeigte mir, daß ich wenigstens noch Hoffnung hatte. Es war nicht die Hoffnung, die ich in mich selbst setzte. Auf jeden Fall war es auch nicht die Hoffnung, die mir dieses Krankenhaus oder Frank mit seinen kleinen Gesprächen über das Unterbewußtsein gaben. Sie war vage und unbestimmt. Ich fühlte mich immer noch grenzenlos isoliert. Aber da war das Kreuz.

Als ich still vor meinem Gemälde saß, merkte ich, daß ich einen Fortschritt gemacht hatte an diesem Nachmittag. Ich verstand mich selbst und die Depression ein wenig besser. Ich spürte eine enorme Erleichterung.

Frank hielt nun den Zeitpunkt für gekommen, unsere Bilder zu interpretieren. Er sagte, mein schwarzes Loch zeige, daß in meinem Leben ein »religiöser Unterton« vorhanden sei, und weil ich dieses kleine Loch in der Mitte ausgespart hatte, würde deutlich, daß ich nicht so furchtbar schwer depressiv sei! Annettes Bilder wurden in ähnlicher Weise seiner kunstverständigen Kritik unterzogen.

Wir mußten beide lachen, was Frank noch rechthaberischer machte. Mary bat uns aufzuräumen, und Frank unterhielt sich immer noch mit ihr über meine Bilder. Ich wollte das nicht. Ich hatte ein Stück von mir auf dieses Blatt gemalt. Ich hatte versucht, zu kommunizieren. Jetzt fühlte ich mich bloßgestellt und verletzt.

Ich fing an zu schluchzen, als ich die Pinsel auswusch. Ich hätte überhaupt nichts gemalt, wenn ich gewußt hätte, daß so darüber gesprochen werden würde. Es war mir peinlich genug, daß ich überhaupt das Kreuz in das Loch gezeichnet hatte. Warum mußten sie so darüber sprechen?

Es ist wichtig, etwas zu tun

An diesem Tag habe ich etwas gelernt über das Ausdrücken von Gefühlen in der Depression. Schreiben, sprechen, malen oder was uns auch immer in seinen Bann zieht (sogar Marys geflochtene Körbe, vermute ich) sind überaus wichtig. All das bietet Möglichkeiten, uns ohne Worte auszudrücken. Wenn in uns Gefühle eingesperrt sind, dann verkrampfen sie beim Bergsteigen unseren Kletterstil. *Wenn wir diese Gefühle nach außen bringen können, dann haben wir viel eher die Chance, sie zu verstehen und uns von ihnen frei zu machen.* Ich habe entdeckt, daß diese Gefühle zum Teil auch positiv sind. Ich hatte irgendwie eine Art Hoffnung. Das war mir vorher nicht bewußt.

Wir sollten uns nicht von unserer Angst hindern lassen, an der Hoffnung festzuhalten. John F. Kennedy

 Gefühle zum Ausdruck zu bringen, kann gefährlich sein

Ich habe auch gelernt, daß es ziemlich gefährlich sein kann, unsere Gefühle auszudrücken. Was wir in der Depression empfinden, ist sehr persönlich. Es ist entscheidend, daß wir verstehen, was in uns vorgeht. Dennoch muß derjenige, dem gegenüber die Gefühle offenbart werden, vertrauenswürdig sein und fähig, seine eigene Meinung zurückzuhalten. Der depressive Mensch muß sicher genug sein, diese Gefühle weiter erforschen zu können. Ich dachte, daß ich Frank recht weitgehend vertraute, aber seine Art, wie er mein Bild sezierte, hinterließ bei mir ein ziemliches Unbehagen.

Als wir eine Woche später wieder malten, machten Annette und ich Blödsinn und malten eine riesige Mauer, hinter der alle unsere schlimmsten Alpträume lagen, und dann versuchten wir alle Gesichter des Personals und der Patienten auf das Bild zu zeichnen. Das sprach sich herum, und die Patienten kamen, um sich porträtieren zu lassen.

Ich malte Frank mit einer riesigen Wagenladung Beruhigungsmittel. In der Woche davor, als er seine Kunstkritik mit einer geschliffen scharfen Analyse meiner Bilder beendet hatte, zerriß ich sie alle und warf sie weg. Er hatte mir daraufhin eine so hohe Dosis Valium verabreicht, daß ich mich erinnern kann, wie mein Zimmer schon um mich her verschwamm, bevor ich noch die Chance hatte, ins Bett zu kommen. Aber ich erinnerte mich an das Kreuz, das ich gemalt hatte.

Die Hoffnung, die ich mit dem Kreuz ausgedrückt hatte, sollte einer der Wendepunkte in meinem Aufstieg aus der Depression werden.

Die Hoffnung hat zwei reizende Töchter, Zorn und Mut.

Augustinus

14

Welche Vorbereitungen kann ich treffen?

Kommt her zu mir, alle, die ihr mühselig und beladen seid; ich will euch erquicken. Nehmt auf euch mein Joch und lernt von mir; denn ich bin sanftmütig und von Herzen demütig; so werdet ihr Ruhe finden für eure Seelen. Denn mein Joch ist sanft, und meine Last ist leicht. *Jesus im Matthäusevangelium 11,28*

Egal wie schmerzhaft oder unmöglich oder wie sehr es nach reiner Zeitverschwendung aussieht, ich muß irgendwie die Entscheidung zum Aufstieg treffen, oder das Leben bleibt so furchtbar. Natürlich wird mir eine schreckliche Lethargie und Hoffnungslosigkeit entgegenschlagen! »Wozu?«

Wenn wir uns einmal entschieden haben, den Aufstieg aus der Depression zu versuchen, dann können wir einige Dinge tun, um uns auf die Klettertour vorzubereiten. Durch all die depressiven Phasen in meinem eigenen Leben habe ich gelernt: Wenn ich mich einfach nur hinsetze und darauf warte, daß endlich alles besser wird, dann kann ich lange warten. Darum müssen wir anfangen, irgend etwas zu tun.

Womit fangen wir an?

◆ Mit einem kleinen Schritt.
◆ Mit nur einer einzigen Sache.
◆ Mit einer Art »Strategiekonzept«.

Obwohl es entscheidend ist für unseren Aufstieg aus der Depression, daß wir etwas tun, muß doch der Anfang unseres Strategiekonzepts realistisch sein. Am besten bleiben wir unten am Fuß der Felswand oder auf einem sicheren Vorsprung sitzen, bis wir uns fit und bereit genug fühlen. Dies ist eine wichtige Vorbereitungszeit. Es ist eine Zeit, in der wir unsere Entscheidung festmachen und unseren Aufstieg planen.

Ein Schritt nach dem anderen

Es ist nicht gut zu versuchen, viele Dinge zur Verbesserung der Lage gleichzeitig zu tun. Obwohl es mir fürchterlich langsam vorkommt, habe ich herausgefunden, daß ich immer nur eine Sache nach der anderen in Angriff nehmen kann.

Es bringt überhaupt nichts, wenn ich in mein Tagebuch schreibe, ich sollte mehr aus dem Haus gehen. Puh! Das ist viel zu allgemein, so unerreichbar und überwältigend, und der Gedanke daran ist so fürchterlich, daß ich schon aufgebe, bevor ich überhaupt angefangen habe.

Aber wenn ich mir selbst sage, daß ich heute abend ausgehen oder eine bestimmte Person anrufen könnte, um zu hören, wie es ihr geht, dann kann ich damit umgehen. Das liegt daran, daß es kleine und überschaubare Vorhaben sind.

Keine Angst vor dem Felsüberhang vor Ihnen

Beim Bergsteigen ist es wichtig, immer nur ein Stück in Angriff zu nehmen – nämlich das, wo man gerade steckt. Das heißt nicht, wir sollten nicht an die Zukunft denken. Manche Dinge müssen wir natürlich planen.

Aber wenn wir Angst haben vor dem Felsüberhang vor uns, konzentrieren wir uns nicht auf das Stück, das unsere Aufmerksamkeit jetzt im Moment erfordert. Und wenn wir uns nicht konzentrieren, stürzen wir ab, jetzt.

Wenn also die Depression kommt und Sie der Gedanke an den ganzen Tag vor Ihnen oder an das, was morgen oder nächste Woche auf Sie zukommt, total in Panik versetzt, konzentrieren Sie sich nur auf die nächsten zehn Sekunden.

Wenn Sie mit diesen zehn Sekunden fertiggeworden sind, merken Sie vielleicht, daß Sie jetzt über die nächsten zehn Minuten nachdenken können. Wenn es mir wirklich schlecht geht, versuche ich, nicht an Dinge zu denken, die über die nächsten zehn Minuten hinausgehen. Das versetzt mich nur in blinde Panik. Wenn ich mit diesen zehn Minuten fertig bin, sage ich mir selbst, wie gut ich es gemacht habe. Jetzt kann ich über die nächsten zehn Minuten nachdenken. Schließlich merke ich vielleicht, daß möglicherweise das Leben gar nicht so schlimm ist – heute. Vielleicht komme ich damit zurecht. Vielleicht könnte ich mir sogar vorstellen, im Lebensmittelgeschäft um die Ecke Milch einzukaufen.

Jeden Tag etwas

Der Aufstieg aus der Depression ist wie der Prozeß, die Küche sauberzuhalten oder dafür zu sorgen, daß die Wohnung nicht mehr aussieht wie die Lagerräume des nächsten Wohltätigkeitsvereins. Der Schlüssel ist, jeden Tag *etwas* zu tun.

Wenn ich unterrichte, verspreche ich mir selbst, jeden Tag mein Pult aufzuräumen, bevor ich nach Hause gehe. Wie furchtbar auch immer die Arbeit war, und sie kann bei einer Lehrerin schrecklich furchtbar sein – diese wenigen Minuten zahlen sich aus. Würde ich mich umschauen im Klassenraum und an *alles* denken, was getan werden müßte, wäre ich wohl so überwältigt davon, daß ich gar nichts machte!

Die Depression ist in dieser Hinsicht genauso wie das Leben überhaupt – sie ist so groß, so überwältigend, so geheimnisvoll, und es ist so verwirrend schwierig, mit ihr umzugehen, daß ich sehr leicht aufgeben kann. Nur einen kleinen Teil anzugehen, ist die einzige Möglichkeit weiterzukommen. Wenn wir sie Stück für Stück in Angriff nehmen, können wir einen gewissen Erfolg erzielen. *Erfolg, egal in welcher Form, ist der totale Gegensatz zur Depression!*

Von hier unten sieht es schlimmer aus, als es wirklich ist

Wenn man am Fuß der Felswand steht und hinaufschaut, bekommt man einen ziemlich irreführenden Eindruck von ihr. Jeder Felsbrocken sieht aus wie ein gigantischer Überhang. Die winzigen Felsspalten erscheinen viel zu schmal, um einen Fuß oder eine Hand hineinzuzwängen. Je mehr wir schauen, nachdenken und uns Sorgen machen, desto unmöglicher erscheint es uns.

Bevor wir völlig in Panik geraten, müssen wir uns entscheiden, das Rettungsseil anzulegen, zu überprüfen, ob der Helm festsitzt, und aufbrechen.

Bewegung, Kreativität und Ernährung

Es gibt einen engen Zusammenhang zwischen dem Zustand unseres Körpers und unserem seelischen Befinden. Wenn wir Depressionen haben, geht es uns seelisch schneller besser, wenn wir uns auch um unseren Körper kümmern.

Wer niedergeschlagen ist und den ganzen Tag in Räumen verbringt, nicht viel tut und alles mögliche »Ungesunde« durcheinanderfuttert, wird mit ziemlicher Wahrscheinlichkeit seine Niedergeschlagenheit noch verstärken.

Ich habe gelernt, sobald ich mal wieder die Warnsignale einer beginnenden Depression wahrnehme, streng auf meine Ernährung zu achten und mit einem sanften, aber immer intensiver werdenden Sportprogramm zu beginnen. Ich fühle mich wirklich besser an Tagen, an denen ich frisches Obst und Gemüse esse und einen Spaziergang mache, als an Tagen, an denen ich zu Hause sitze, Schokolade esse und den Nachmittag im Bett verbringe.

Natürlich ist ein Rückzug ins Bett manchmal auch nötig. Auf jeden Fall. Und das soll auch nicht heißen, daß wir keine Schokolade essen dürfen! Es bedeutet vielmehr, daß ein Teil unseres Aufstiegs aus der Depression darin besteht, körperlich besser in Form zu kommen. So können wir uns leichter selbst annehmen. Wir müssen uns um unseren Körper kümmern. Er ist der einzige, den wir haben, und er läßt sich schwerlich ersetzen.

Körperliche Bewegung

Wenn wir uns bei einer Tätigkeit körperlich anstrengen müssen, dann regen wir etwas in uns an, was sonst brachliegt. Dadurch fühlen wir uns wohler.

Offensichtlich fördert Bewegung die Ausschüttung von Eiweißstoffen im Gehirn, die man »Endorphine« nennt; sie lösen ein Gefühl des Wohlbefindens aus. Auf jeden Fall kann ich bezeugen, daß ich mich besser fühle, wenn ich mich körperlich bewege. Es hebt meine Stimmung und mindert meine Beklemmungen.

Es braucht nicht etwas fürchterlich Anstrengendes zu sein wie Schwimmen oder Jogging. Einfach ein paar Dehnübungen im Schlafzimmer, ein paar Putzarbeiten in der Wohnung oder fünf Minuten Tanzen mit Musik (hinter zugezogenen Vorhängen natürlich, damit die Nachbarn nicht denken, jetzt hätte es uns endgültig erwischt!) können ausreichen, um uns aufzuheitern. Ein Spaziergang in die Ladenzeile, um Brot zu kaufen, kann uns an manchen Tagen aus tiefer Verzweiflung reißen. Wichtig ist, daß wir für uns persönlich herausfinden, was wann hilft.

Das Problem ist, daß uns eine furchtbare Lethargie befällt. Wir sehen den Staub. Wir denken an all das, was noch erledigt werden muß. Wir wissen nicht, wo wir anfangen sollen. Darum trinken wir noch eine Tasse Tee und beschließen, das Fensterputzen auf einen Tag zu verschieben, an dem uns »danach ist«.

Genauso ist die Depression. Es scheint so sinnlos, die Wohnung zu putzen. Sie wird ohnehin wieder schmutzig. Wir schleppen uns durch den Tag und bekommen wenig geschafft. Wir blicken noch mal auf den Staub. Vielleicht morgen. Aber morgen ist es wieder so, es sei denn, wir fangen an.

Wenn Sie körperliche Bewegung nicht gewohnt oder über 35 Jahre alt sind, sprechen Sie erst mit Ihrem Arzt.

◆ Fangen Sie nicht mit etwas Gewaltsamen an! Beginnen Sie sanft und steigern Sie sich langsam. Wenn Sie es übertreiben, wird Ihnen hinterher alles weh tun, vielleicht verletzen Sie sich sogar und geben auf.

◆ Wärmen Sie sich zu Beginn behutsam auf und vergessen Sie nicht, hinterher Lockerungsübungen zu machen. Das hält den Muskelkater in Grenzen.

◆ Suchen Sie sich etwas aus, was Ihrem Lebensstil entspricht, und was Ihnen mit der Zeit Spaß machen wird. Tanzen, Spazierengehen und Joggen sind alles Sportarten, die wir allein machen können. Manche Leute haben mehr vom Sport, wenn sie in einen Verein gehen, einem Tennisclub beitreten oder etwas mit einem Freund oder einer Freundin zusammen machen.

◆ Sie müssen sich steigern auf bis zu zwanzig Minuten Bewegung am Stück. Das kann einige Wochen dauern. Zwanzig Minuten scheinen auszureichen, damit jene Botschaften des Wohlbefindens bis zu unserem Gehirn gelangen und unser Herz so weit angeregt wird, wie es ihm nach Meinung der Ärzte guttut. Aber bei Atemnot oder wenn Schmerzen auftreten, hören Sie auf.

◆ Notieren Sie sich, was Sie machen. Dadurch erkennt man, daß man Fortschritte macht. Ich schreibe in einem speziellen Kalender immer kurz auf, was ich gemacht habe. Der Eintrag von gestern lautet: »Zwanzig Minuten geschwommen.« So kann ich sehen, daß ich leistungsfähiger und belastbarer geworden bin, und feststellen, ob ich etwas dreimal oder viermal in der Woche gemacht habe.

◆ Treiben Sie keinen Sport, wenn Sie sich unwohl fühlen oder an Tagen, an denen Sie befürchten, daß Ihnen davon schlecht werden könnte. Das würde Sie nur drei Schritte zurückwerfen.

Etwas Kreatives machen

Kreative Tätigkeiten wie Schreiben, Nähen, Malen oder Singen bewirken, daß es uns besser geht. Alle depressiven Menschen, die ich kenne, sind derselben Meinung.

Etwas tun – es kommt gar nicht so sehr darauf an, was – ist der Weg, die Entscheidung für den Aufstieg in die Realität des ersten Schrittes zu verwandeln.

Wenn wir körperliche Bewegung mit Kreativität verbinden, können wir aus dieser Kombination enorm profitieren. Vielleicht ist darum die Gartenarbeit als Hobby so beliebt. Die Menschen müssen nicht Erbsen und Kohl anbauen, damit ihr Überleben gesichert ist. Sie ziehen Gemüse, weil es ihnen Spaß macht. Es ist einfach toll, im Frühjahr Samen zu kaufen, die Erde umzugraben und sich später darüber zu freuen, wenn die grünen Keimlinge aufsprießen. Gartenarbeit gibt mir das Gefühl, daß Gott und ich gemeinsam an etwas arbeiten. Das tut mir gut. Allerdings überkommen mich furchtbare

Mordgedanken gegenüber Kaninchen, Tauben und Schnecken. Warum fressen sie immer ausgerechnet meine jungen Sprossen auf und beachten die von Nachbar Ted gar nicht?

Psychologen und Psychiater streiten darüber, wie sehr der Chemiehaushalt des Körpers die Depressionen beeinflußt. Ich kann dazu nichts sagen, weil ich nichts davon verstehe. Aber ich weiß, daß bestimmte Dinge (Medikamente, Ernährung, Bewegung usw.) sehr wohl Einfluß ausüben können auf die Art, wie wir denken.

Kräutertees helfen mir einzuschlafen. Verzicht auf Kaffee bewirkt, daß ich nicht zittere. Kaugummi hilft mir gegen Übelkeit Bewegung hilft mir, mich wohlzufühlen. Unser Gemütszustand und unser Körperbefinden sind sehr eng miteinander verknüpft.

Es gibt einige Aspekte bei der Depression, die bei manchen Menschen mehr erfordern als die Hausmittel, die ich in diesem Buch vorschlage. Die stationäre Behandlung in einem Krankenhaus oder der Besuch einer Tagesklinik scheinen vielleicht sehr drastische Maßnahmen zu sein, aber die tägliche Routine dort und die Tatsache, keine Verantwortung tragen zu müssen, können sehr beruhigend und erholsam sein. Manchen depressiven Menschen geht es besser, wenn sie in einem Krankenhaus an der Beschäftigungstherapie teilnehmen und sich künstlerisch betätigen. Für andere ist es ein Vorgeschmack der Hölle, wenn sie gezwungen werden, dort zum Beispiel jeden Dienstag- und Donnerstagmorgen abzusitzen.

Es geht darum herauszufinden, was Ihnen persönlich hilft. Notieren Sie sich in Ihrem Tagebuch, wodurch es Ihnen an einem Tag mal fast erträglich ging. Auf diese Weise kommen Sie dahinter, wodurch Sie sich besser fühlen.

Gute Ernährung

Die Entscheidung, mit dem Aufstieg zu beginnen, muß sich nach unserem körperlichen Zustand richten. Letzten Sommer habe ich bei einer Bergtour mit meinen Freunden nicht mitgemacht, weil ich mich krank fühlte. Es wäre hart geworden, wäre ich trotzdem mitgegangen. Das hätte mir die restliche Zeit dieses Urlaubs verdorben. Dasselbe gilt auch für unseren Aufstieg aus der Depression. Wenn wir nicht in Form sind, werden wir schlecht klettern. Wir werden eher abstürzen und unser Selbstvertrauen verlieren.

Depressive, denen es inzwischen besser geht, wissen um die Wichtigkeit einer guten Ernährung. Vollwertige Nahrung ist besser als behandelte Lebensmittel und Fertiggerichte.

Viele Experten bestätigen, daß zu einer guten Ernährung folgende Eigenschaften zählen:

> *Fettarm zu sein. Es sollten vorwiegend mehrfach ungesättigte Fette verwendet werden (wie Oliven- oder Distelöl und spezielle Margarine) und weniger tierische Fette;*
>
> *ballaststoffreich zu sein und viel Gemüse, viele Getreidearten wie Weizen, Hafer und Reis zu enthalten;*
>
> *so abwechslungsreich wie möglich zu sein, damit die volle Bandbreite der Vitamine und Mineralien enthalten ist – Müsli und gemischte Salate sind ideal;*
>
> *wenig Zucker zu enthalten.*

Ernährung, die »gutgenug« ist

Die meisten von uns müssen in Hinsicht auf eine gute Ernährung gewisse Kompromisse machen.

- ◆ Fertiggerichte sparen die Zeit, die wir brauchen, um mit der Depression, unseren Verpflichtungen als Mutter, den Anforderungen am Arbeitsplatz oder der Tatsache, daß uns die Zubereitung einer Mahlzeit verrückt macht, irgendwie fertig zu werden.
- ◆ Snacks (wie Schokolade oder ein Imbiß vom Schnellrestaurant) machen uns froh und entspannt.
- ◆ Manche »gesunden« Nahrungsmittel (wie wertvolles Vollkornbrot) sind sehr viel teurer als ihr Äquivalent aus der Massenproduktion, darum müssen wir manchmal eben das kaufen, was wir uns leisten können.

Unsere Ernährung soll einfach nur »gutgenug« sein.

▷ Machen Sie sich ein »Strategiekonzept«. Es sollte realistisch sein!

▷ Führen Sie Tagebuch über Ihre sportliche Betätigung und Ernährung.

▷ Das Tagebuch kann Ihnen helfen zu erkennen, wann Sie eher »ungesunde« Sachen essen.

▷ Ein Tagebuch gibt Ihnen insgesamt das Gefühl, daß Sie irgendwo hinkommen.

Die mit Tränen säen, werden mit Freuden ernten.

Aus Psalm 126

15

Was ich mitnehmen muß

Überrasche dich selbst jeden Tag mit deinem eigenen Mut.

Denholm Elliott, Schauspieler

Zu den ganz elementaren Dingen beim Bergsteigen gehört die richtige Kleidung. Sie würden wohl kaum in Bikini und Badelatschen losmarschieren und in der Hand einen Koffer mit dem Gepäck für eine Woche tragen. Aber manche Menschen versuchen, schlecht ausgerüstet durchs Leben zu gehen. Sie schleppen dabei eine Menge unnötigen und unbrauchbaren Ballast mit. Wir werden uns einige Sachen anschauen, die wir zurücklassen müssen (Kapitel 17). Doch in diesem Kapitel wird es um Dinge gehen, die wir unbedingt mitnehmen müssen – die Ausrüstung.

Die richtige Ausrüstung

Eine Bergsteigerausrüstung ist immer minimal. Aber dieses Minimum ist entscheidend. Ebenso wie bei unserer Ausrüstung fürs Leben kommt es nicht auf die Menge an, sondern darauf, wesentliche Dinge mitzuführen.

Auf eine Bergtour bereitet man sich gründlich vor, und erst wenn so wichtige Dinge wie Gurte, Kleidung und Helme überprüft sind und die Rettungsseile sorgfältig befestigt wurden, bricht der Führer auf. Als Mitglied des Teams habe ich keine Wahl. Entweder ich halte mich an die Regeln, oder ich mache nicht mit.

Was brauchen wir für den Aufstieg? Unsere »Grundausrüstung« bei unserm Aufstieg aus der Depression könnte sein:

Die Bereitschaft, auf Veränderung hinzuarbeiten;

die Weigerung, eine psychische Krankheit als Stigma zu betrachten, auch wenn das häufig in unserer Gesellschaft geschieht;

ein guter Freund, Therapeut, Arzt, Pastor oder ein anderer Helfer, der uns zuhört;

einige Medikamente, wenn sie der Arzt empfiehlt;

ein Strategiekonzept, um daran zu arbeiten, uns selbst zu verstehen (zum Beispiel die Durcharbeitung der praktischen Tips in diesem Buch);

ein Tagebuch zu führen.

Ein Tagebuch führen

Selbst wenn wir es hassen zu schreiben, erfahren doch die meisten Menschen durch das Aufschreiben etwas über sich selbst. Es kann ein äußerst effektives Mittel sein, den bevorstehenden Aufstieg zu verstehen. Selbst wenn wir nur kurze Stichworte in unserem Tagebuch festhalten, können wir im Laufe der Monate erkennen, daß wir immer wieder ähnliche Erfahrungen machen.

Hier sind einige Beispiele:

Jedesmal, wenn Sie die Schwiegereltern besuchen, bekommen Sie Kopfschmerzen.

Wenn Sie auf der Autobahn fahren, fühlen Sie sich angespannt.

Wenn Sie spät abends noch essen, können Sie nicht schlafen.

Nachdem Sie Rotwein getrunken haben, fühlen Sie sich schlecht.

In den Wintermonaten fühlen Sie sich depressiver als im Frühling und im Sommer.

Wenn sich ein Todestag jährt, bekommen Sie Angstzustände.

Nach Gartenarbeit fühlen Sie sich besser.

Unmittelbar vor Ihrer Monatsblutung sind Sie angespannt und völlig unvernünftig.

Wenn Sie Sport gemacht haben, geht es Ihnen am nächsten Tag meistens gut.

Wir müssen entdecken, wie wir etwas über unsere Reaktionen lernen können. Manches läßt sich ziemlich leicht herausfinden. Anderes ist komplizierter.

Warum macht mich ihre merkwürdige Angewohnheit vollkommen verrückt?

Warum bin ich über diesen Todesfall so erschüttert?

Was regt mich an der Einstellung der Gesellschaft gegenüber Frauen so auf?

Warum lösen Nahrungsmittel bei mir so eine unmäßige Gier aus?

In unserem Tagebuch können wir versuchen, Grundmuster herauszufinden. Diese Dinge tauchen immer wieder auf und werden sicherlich bei unserem Aufstieg aus der Depression eine Rolle spielen.

Mit einem Freund zusammenarbeiten

Wenn Sie ein Verhaltensmuster entdecken, versuchen Sie dahinterzukommen, warum das so ist. Das ist nicht einfach, und es kann möglicherweise Wochen dauern, bis Sie etwas erkennen. Wenn wir jemanden finden, mit dem wir unsere Erkenntnisse über uns selbst besprechen können, könnte das weiterhelfen.

Arbeiten Sie darauf hin, mit jemandem zu sprechen. Sie könnten in einer Selbsthilfegruppe mitmachen. Verschiedene Organisationen bieten Selbsthilfegruppen oder Beratungsstellen an. Manche Gruppen sind auf bestimmte Zielgruppen ausgerichtet, wie Hausfrauen oder -männer mit Säuglingen zu Hause. Viele Gruppen werden von Leuten geleitet, die selbst Depressionen kennen.

Vielleicht hilft es Ihnen auch, die praktischen Tips in diesem Buch gemeinsam mit einem anderen depressiven Menschen durchzuarbeiten.

Das Leben ist eine Geschichte

Ein Tagebuch zu führen oder mit anderen zu sprechen, bedeutet zum Teil auch, uns selbst unsere eigene Geschichte zu erzählen. Dies ist eine Methode, mit unserem Leben fertig zu werden und anzufangen, den Abgrund der Verzweiflung zu überwinden. Wir fangen an, Möglichkeiten aufzudecken und über den Rand unseres kleinen Lebens hinauszuschauen auf das, was sein könnte. Es ist wie ein Abenteuer, diese ersten Schritte aus der Depression heraus in Angriff zu nehmen. Alle Abenteuer haben zunächst etwas leicht Beängstigendes.

Im Abenteuer begegnen sich Träume und Realitäten.

Praktische Tips: das Tagebuch

▷ Wenn Sie »Streng geheim – nicht lesen!« auf den Umschlag schreiben, wecken Sie nur das Interesse Neugieriger!

▷ Das Datum der Eintragung ist wichtig für spätere Auswertungen. Es könnte Regelmäßigkeiten in Ihren depressiven Verstimmungen ergeben.

▷ Die Häufigkeit Ihrer Eintragungen kann Aufschluß über Ihren Gefühlszustand geben. Manchmal schreibe ich mehrfach am Tag in mein Tagebuch. Manchmal schreibe ich wochenlang keinen einzigen Satz hinein.

▷ Skizzen, Bilder, Zeitungsausschnitte, Familienfotos und ähnliche Dinge können helfen, Ihre Gefühle und Ihre Gedanken in Anspruch zu nehmen. (Ich bewahre das Bild eines Papageientauchers in meinem Tagebuch auf, weil es mich an die Schönheit der Schöpfung Gottes erinnert, die Freiheit des Meeres und daran, wie unglaublich phantastisch Papageientaucher sind. Es gab eine Zeit, da war ich so depressiv, daß ich dachte, ich würde sterben, aber wenn ich einen dieser Vögel sah, hatte ich plötzlich und unerwartet das Gefühl, daß alles wieder gut werden würde.)

▷ Der Hauptzweck des Tagebuchs ist, uns selbst besser verstehen zu lernen und uns an der Oberfläche der Felswand besser festhalten zu können, damit der Rest unseres Aufstiegs geradliniger und weniger schmerzhaft verläuft.

Die Ausrüstung stimmt, was jetzt?

Jetzt haben Sie sich durch die verschiedenen Bestandteile der Ausrüstung durchgekämpft und sind bereit zum Aufstieg, und nun stehen Sie am Fuß der Felswand und wünschten, Sie wären noch einmal zur Toilette gegangen, bevor Sie alles angelegt hätten. An diesem Punkt geht es so richtig los. Beim Bergsteigen kommt es nicht nur auf die Ausrüstung an – Helme, Seile und Kleidung. Drei weitere wesentliche Aspekte kommen hinzu:

- ◆ Ihr eigener Mut und Ihre Entschlossenheit
- ◆ der Rest der Gruppe
- ◆ ein zuverlässiger Führer.

16

Das Leben ist schwer

Obwohl die Welt voller Leiden ist, ist sie doch auch voller Überwindung des Leidens.   Helen Keller

Ihr eigener Mut und Ihre Entschlossenheit gehören letztendlich zu den wichtigsten Faktoren für den Erfolg des Aufstiegs. Wer unter Depressionen gelitten und diese Erfahrung lange genug ausgehalten und versucht hat, etwas dagegen zu unternehmen (wie zum Beispiel dieses Buch zu lesen), hat alles, was ein erfolgreicher Bergsteiger braucht.

Alle, die uns erklären, wie gut sie bestimmte Dinge können, oder die jeden Gipfel im Flug erstürmen, oder die durchs Leben zu segeln scheinen, als wäre es eine endlose Party, haben nicht wirklich Mut.

Wenn ich den Kindern zusehe, wie sie in der Schule auf dem Klettergerüst spielen, dann beweist nicht das Kind am meisten Mut, das geradewegs nach oben klettert, sich dort hinstellt und selbstbewußt um sich blickt, sondern das kleine Mädchen aus der ersten Klasse, das sich langsam und angespannt hinaufkämpft und manchmal auch abrutscht. Dieses Mädchen kommt vielleicht nicht einmal bis ganz auf die Spitze. Vielleicht dreht es sich auf halbem Wege nach seinem Lehrer um und lächelt ihn ängstlich an. Ich finde mich in solchen Kindern wieder. Eines Tages werden sie es schaffen, und der Erfolg ist um so größer, weil er Zeit, ein paar Schrammen und eine Menge Mumm gekostet hat.

Bergsteigen ist schwer

Am Anfang eines Buches, das ich neulich gelesen habe, steht die Feststellung: »Das Leben ist schwer.« Das scheint mir ein realistischer Ausgangspunkt für die Betrachtung unseres Aufstiegs zu sein. Wenn wir die Sicht haben, das Leben sollte zu jeder Zeit irgendwie ruhig, einfach, erfreulich und sorgenfrei verlaufen, dann werden wir einen Schock erleiden!

Jedem fällt ein bevorstehender Aufstieg schwer. Selbst wenn wir in Form, gesund, in guter Stimmung, mit uns selbst in Frieden und ausgesprochen glücklich sind, werden Schwierigkeiten auf uns zukommen.

Es gibt Zeiten in unserem Leben, an denen wir den Tag nicht ohne Kratzer, Beulen und Schrammen überstehen. Es ist wie bei den Teilstücken beim Bergsteigen – wenn für die Hände nirgendwo Halt zu finden ist und nichts anderes mehr geht, als die Hand in eine Felsspalte zu klemmen, eine Faust zu machen und sie darin so fest zu verkeilen, daß genügend Halt entsteht, um mit den Füßen etwas höher zu steigen. Am liebsten würde man einen großen Teil von sich an der Felswand zurücklassen, und es ist furchtbar schmerzhaft. Man darf einfach nicht darüber nachdenken. Aber wenn Sie oben ankommen wollen, dann ist es die Mühe doch wert gewesen.

Ein großer Teil des Lebens scheint aus Blut, Schweiß und Tränen zu bestehen. Die großen geschichtlichen Ereignisse, die uns in Erinnerung bleiben, sind oft nur erkämpft worden durch Blutvergießen,

Todesopfer oder weil jemand alles gegeben hat, um etwas zu erreichen. Michelangelo hat die Deckenmalerei in der Sixtinischen Kapelle nicht über Nacht angefertigt. Der Kampf um die Menschenrechte für Schwarze hat eine Menge Menschenleben gekostet und wird ohne Zweifel noch weitere Todesopfer fordern. Jesus erlitt Qualen am Kreuz.

Das Leben ist schwer. Manchmal ist es sogar sehr schwer. Eine Menge Mut ist erforderlich, um es in Angriff zu nehmen.

Rückwärts gehen ist in Ordnung

Wenn ich an einer Felswand entlangklettere, muß ich oft seitwärts oder rückwärts gehen, um besseren Halt zu finden. Dieses seitliche Gehen wird vom Führer »Zickzack« genannt. Beim Bergsteigen ist es wirklich in Ordnung, wieder etwas herunterzugehen, um seitwärts weiterzusteigen. Manchmal ist das sogar die beste Methode zum Klettern. Aber in der Gesellschaft herrscht oft eine andere Auffassung.

Die Wertmaßstäbe in unserer Gesellschaft

Die Wertmaßstäbe der Gesellschaft, in der ich lebe, sind inzwischen sehr wettbewerbsorientiert. Einige Leute behaupten, daß der Wettbewerb »ein grundlegender Bestandteil der menschlichen Natur« sei. Wirklich? Wenn ich bergsteige, erlebe ich etwas, das mit Erfolg zu tun hat (nämlich den Gipfel zu erreichen), aber nichts mit Wettbewerb. Es ist Teamarbeit und gleichzeitig ein persönliches Erfolgserlebnis, das für sich selbst steht und nicht im Verhältnis zu den Leistungen anderer zu bewerten ist.

Doch ein großer Teil der Gesellschaft scheint Erfolg anders zu definieren:

◆ Das einzige, worauf es im Leben ankommt, ist voranzukommen.
◆ Ihr persönlicher Wert wird an dem Grad Ihres Erfolges gemessen, der wiederum davon abhängt, wie weit Sie auf der Leiter stehen (und manchmal auch, wieviel Menschen Sie unterwegs abgehängt haben).
◆ Sie werden daran gemessen, wieviel Geld Sie verdienen.

Das Bildungssystem vermittelt die Botschaft, daß es allein darauf ankommt, Prüfungen zu bestehen und studieren zu können. Die Kinder, die es nicht »packen«, meinen dann oft, daß sie Dummköpfe und Versager sind. Sie erkennen ihren Wert als menschliche Wesen nicht. Sie haben das Bedürfnis, überall ihr ganzes Leben lang erfolgreich zu sein.

Als ich nur Mutter und Hausfrau war (beachten Sie, wie sich das Wort »nur« hineingeschmuggelt hat), hatte ich fast das Gefühl, ich müßte vor einigen Menschen rechtfertigen, daß ich lebe. Aus irgendeinem Grund war es am schlimmsten, wenn ich abends auf Parties eingeladen war. Die Leute sahen mich an und fragten: »Und was machen Sie?« – »Ich bin Mutter«, sagte ich, und langes Schweigen folgte. Im Laufe der Jahre entwickelte sich daraus jedoch die Antwort: »Ich habe den wichtigsten Job auf der Welt – ich ziehe Kinder groß.« Nicht jeder teilte diese Überzeugung.

Um einen Wert zu haben, mußte ich »etwas« sein – eine Sekretärin oder eine Krankenschwester, irgend etwas. Diese Einstellung hindert uns daran, Selbstwertgefühl zu entwickeln. Unser Leben ist nicht daran zu messen, was wir tun, sondern wer wir sind. Dieses schreckliche Klischee enthält noch eine andere »große Wahrheit«. Ich glaube nicht, daß Gott Punkte verteilt für die Berufe, die wir ausüben – 5000 für einen Gehirnchirurgen und drei, wenn Sie die Verschlüsse von Zahnpasta-Tuben festdrehen. Aber so ähnlich fühlen wir uns oft von der Gesellschaft bewertet. (Sie bekommen nur einen Punkt, wenn Sie zu Hause sind, Geschirr spülen und Rotznasen abwischen.)

Und diese Einstellung machen wir uns zu eigen und lassen zu, daß sie unsere Depressionen verstärkt.

Realistisch sehen, was wirklich unser Problem ist

Menschen, die depressiv sind, messen sich oft ebenso wenig Wert bei, wie ihnen durch die Einstellung anderer vermittelt wird. Tatsächlich haben depressive Menschen sehr häufig ein mangelndes Selbstwertgefühl. Es drückt sich darin aus, daß wir sagen: »Ich bin zu nichts zu gebrauchen.« »Ich bin häßlich.« »Alles, was ich mache, mißlingt.« »Ich kann nichts dagegen tun.«

Das wirkt sich auf die Art aus, wie wir mit uns selbst umgehen und wie wir uns kleiden. Wozu soll ich mir die Haare bürsten? Warum soll ich hübsche Kleider tragen? Das hat doch sowieso keinen Sinn.

Diese Vernachlässigung unserer Person kann dazu führen, daß wir nicht richtig essen oder uns zu wenig bewegen, und daß wir vielleicht sogar unseren Körper durch zu viele Medikamente, Alkohol, Zigaretten oder andere Drogen schädigen. Wenn dann auch noch durch die Depression bedingte Schlafstörungen dazukommen, brauchen wir uns nicht mehr zu wundern, daß wir uns so elend fühlen!

Der Mensch ist, was er glaubt.   *Anton Tschechow*

Am besten klettern wir gemeinsam mit anderen

Zu den besten Dingen beim Bergsteigen gehört die Gemeinschaft mit anderen, die dasselbe vorhaben. Alle helfen und ermutigen sich gegenseitig. Niemand denkt geringschätzig über mich, wenn ich an einer Stelle nicht weiterkomme. Wir sind alle gemeinsam unterwegs, und gemeinsame Erfolge (und Mißerfolge) schweißen uns als Gruppe zusammen und geben Anlaß für Umarmungen und Tränen.

Es macht nicht nur in der Gruppe mehr Spaß, es ist auch viel sicherer. Es wäre einfach leichtsinnig, sich allein auf den Weg zu machen. Das Problem ist nur: Während der Depression können wir uns so einsam fühlen, daß wir die Gemeinschaft mit anderen gar nicht wahrnehmen. Einsamkeit gehört zu den Dingen, mit denen man im Leben am schwersten fertig wird. Außerdem fällt es uns schwer, andere Menschen um Hilfe zu bitten. Die beste Lösung für solch ein Problem kann die Teilnahme an einer Selbsthilfe-Gruppe sein.

Helfer machen Fehler

Viele Menschen, die bereit sind, uns zu helfen, werden unweigerlich alles falsch machen.

- Sie stellen uns Fragen wie: »Geht es dir gut?« »Möchtest du eine Tasse Tee?« Wir ertragen das dann nicht, weil wir keine Entscheidungen treffen können.
- Sie kochen uns unser Lieblingsessen, aber weil wir gerade fasten, brechen wir in Tränen aus.
- Sie machen uns die Küche sauber, und wir fühlen uns bedroht, weil sie uns damit vielleicht ohne Worte sagen wollten, wir sollten die Wohnung besser in Ordnung halten.
- Sie stellen frische Blumen in den Flur, und wir weinen, weil sie sterben werden. Sie sahen doch so hübsch aus im Vorgarten.
- Sie raten uns sehr freundlich, wir sollten uns eine neue Jacke kaufen, und wir denken, sie meinen, wir sollten etwas gegen unser ungepflegtes Erscheinungsbild tun.

Sie werden auf jeden Fall Fehler machen. Depressionen sind so unverständlich, individuell und isolierend, daß es kaum anders geht.

Ist der Bergführer zuverlässig genug?

Der Führer ist entscheidend wichtig für den Erfolg jeder Bergtour. Es spielt eine Rolle, auf wen Sie hören und wen Sie sich im Leben zum Vorbild nehmen. Es gibt eine Menge »Regeln« beim Bergsteigen, die der Führer weitergibt. Sie machen das Leben leichter, halten den Körper ein Stück weit vom Felsen entfernt, damit man sieht, was man tut, und lassen einen leichter die Balance halten. Wenn Sie Bergsteigen lernen, dann lernen Sie zuerst, auf den Führer zu hören.

Unser Anführer

Die Menschen, die wir während der Kindheit als unsere Vorbilder betrachteten (Eltern, Lehrer, Tanten, Großeltern usw.), haben vielleicht manchmal von uns erwartet, daß wir die Bergtour mit mangelhafter Ausrüstung bewältigen. Dann kam es uns so vor, als ob die anderen uns extra auf die Finger traten, sobald wir irgendwie Halt gefunden hatten. Anscheinend kümmerten sie sich nicht darum, das Rettungsseil festzuhalten, wenn wir damit rechneten. Sie gingen ausgerechnet dann weg, wenn wir sie brauchten, und überließen uns der Gefahr.

Einige dieser Menschen waren keine guten Führer, und als wir ihrem Beispiel folgten, kraxelten wir einfach irgendwie an der Felswand hinauf und wendeten jede nur denkbare Technik an. Wir taten uns furchtbar weh dabei und wurden immer verzweifelter, weil wir ständig das Gefühl hatten, abzurutschen.

Wenn diese schlecht ausgerüstete Kraxelei alles ist, was wir über das Leben wissen, dann ist unser Horizont zu beschränkt, um rationale, sinnvolle und lebensrettende Entscheidungen treffen zu können.

Manchmal muß man Kletterpausen nutzen, um verschiedene Möglichkeiten abzuwägen. Eine Möglichkeit ist, über eine bessere

Ausrüstung nachzudenken, zu überlegen, wer wohl ein besserer Führer sein könnte als die bisherigen, und uns für einen kompetenteren zu entscheiden – obwohl das schmerzhaft und peinlich sein kann.

Wen soll ich als Bergführer wählen?

Die Menschen, die wir uns als Begleiter wählen, beeinflussen maßgeblich unsere Art, wie wir das Leben anpacken. Wenn wir uns entscheiden, Menschen zu folgen und zu dienen, die andere enttäuschen oder angreifen, oder Menschen, die sich selbst an erste Stelle setzen, dann wird sich das auf unsere eigene Art zu klettern auswirken.

Wenn wir jedoch Menschen nacheifern, die für andere da sind, oder die sich für Frieden und Gerechtigkeit in dieser Welt einsetzen, dann werden ihre Einstellungen auch unsere eigenen, und das wird auch an unserer Klettertechnik sichtbar.

Es kommt darauf an, wem wir folgen und wem wir vertrauen.

Zum Nachdenken

▷ Welchen Wert messen andere Menschen mir und dem, was ich tue, bei? Habe ich das Gefühl, daß mich andere herabsetzen oder zu niedrig bewerten?

▷ Welchen Wert messe ich mir selbst bei? Unterschätze ich mich selbst?

▷ Welche Menschen respektiere ich? Wem wäre ich gerne ähnlich? Machen Sie eine Liste.

▷ Wem würde ich als meinem »Bergführer« vertrauen?

Meine Schafe hören meine Stimme, und ich kenne sie, und sie folgen mir.   *Jesus im Johannesevangelium 10,27*

Mehr über *mangelndes Selbstwertgefühl* in Kapitel 24 und 25.

17

Was ich zurücklassen muß

Wenn ich an all die vielen Sorgen zurückdenke, fällt mir die Geschichte von dem alten Mann ein, der auf dem Sterbebett sagte, er hätte sich sein Leben lang um viele Dinge Sorgen gemacht, von denen die meisten niemals eingetroffen seien.

Winston Churchill

Meine halbwüchsigen Kinder und ihre Freunde haben etwas wunderbar Sorgloses an sich. Obwohl ich ihnen jahrelang gesagt habe, sie sollen sich warm anziehen, sehe ich, wie sie nur in den Sachen, die sie gerade anhaben, für einen ganzen Tag aus dem Haus gehen. Keine Jacke. Nichts »für alle Fälle«.

Obwohl ich nicht zu den Leuten gehöre, die für einen vierstündigen Ausflug in die Umgebung genug mitnehmen, um davon eine fünfköpfige Familie eine Woche lang am Leben zu erhalten, habe ich doch bei den Pfadfindern gelernt, »allzeit bereit« zu sein. Als Mutter hatte ich mir angewöhnt, Pflaster und Papiertaschentücher mitzunehmen, wenn wir Spaziergänge im nahen Park machten. Ich weiß allerdings nicht, ob meine Lebenseinstellung so gesund ist.

Natürlich ist es vernünftig, vorbereitet zu sein. Aber was ist mit den Dingen, die wir nicht brauchen?

Wir dürfen nicht Bergsteigen gehen mit einem Rucksack voller Sachen, die wir nicht zum Überleben brauchen. Sonst bleiben wir erschöpft von unserer Last unterwegs liegen, und es ginge uns wesentlich besser ohne sie.

In diesem Sinne glaube ich, daß es meine Kinder richtig machen. Sie nehmen einfach nur sich selbst und ihre Freunde mit, und weg sind sie.

Wenn ich noch einmal zu leben hätte, würde ich wagen, beim nächsten Mal mehr Fehler zu machen. Ich würde mich ausruhen. Ich würde mich entspannen. Ich würde dümmer sein als dieses Mal. Ich würde weniger Dinge ernst nehmen. Ich würde mehr Chancen ergreifen. Ich würde mehr Reisen machen. Ich würde auf mehr Berge steigen und durch mehr Flüsse schwimmen. Ich würde mehr Eis essen und weniger Bohnen. Ich hätte vielleicht mehr wirkliche Schwierigkeiten, aber ich hätte weniger eingebildete.

Wissen Sie, ich gehöre zu den Menschen, die besonnen und vernünftig Stunde für Stunde, Tag für Tag dahinleben. O ja, es gab Höhepunkte, und wenn ich noch einmal von vorne anfangen könnte, wären sie häufiger. Am liebsten würde ich versuchen, gar nichts anderes zu haben. Nur Höhepunkte. Einen nach dem anderen, anstatt so viele Jahre lang jeden Tag in der Zukunft zu leben.

Ich gehöre zu den Menschen, die niemals irgendwo hingehen, ohne ein Thermometer, eine Wärmflasche, eine Regenjacke und einen Fallschirm in der Tasche zu haben. Beim nächsten Mal würde ich weniger Gepäck auf meine Reisen mitnehmen.

Wenn ich mein Leben noch einmal zu leben hätte, würde ich früher im Frühjahr anfangen, barfuß zu laufen, und später im Herbst damit aufhören. Ich würde öfter tanzen gehen. Ich würde häufiger Karussell fahren. Ich würde mehr Gänseblümchen pflücken.

Nadine Stair, 85 Jahre

Die Last auf dem Rücken loswerden

In der Geschichte *Die Pilgerreise*, die John Bunyan im Gefängnis schrieb, macht sich Christ mit einer enormen Last auf dem Rücken auf den Weg, den schmalen Pfad zu suchen, der zum Himmel führt. Er trifft verschiedene Helfer auf dem Weg. Sie erzählen ihm von einem Ort, wo er seine Lasten ablegen kann.

Christ sucht nach diesem Ort, begegnet vielen Schwierigkeiten und lernt eine Menge Dinge unterwegs. Eines Tages spürt er zu seiner Freude, daß er ganz sicher in der Nähe des Ortes ist, den er sucht. Der Pfad wird steil und unwegsam. Es wird sehr schwierig, dort weiterzugehen, aber er sehnt sich so sehr danach, seine Last loszuwerden, daß er schnell voraneilt.

Auf dem Gipfel des Berges findet er ein einfaches hölzernes Kreuz. Er kniet nieder unter dem Kreuz, und seine Last fällt sofort von seinem Rücken ab, rollt den Abhang hinunter und verschwindet in einem leeren Grab.

Christ steht auf und spürt die Freiheit, sich zu strecken und frei von der riesigen Bürde herumzulaufen. Er steht einen Augenblick still und denkt über die Person nach, die am Kreuz starb, damit er frei herumlaufen kann: »Er hat mir Ruhe gegeben durch seine Leiden und Leben durch seinen Tod.«

Christ ist so dankbar, daß Tränen der Freude über seine Wangen rollen, während er nachdenkt über diesen Tod und seine eigene Freiheit. Er ist so begeistert, daß er vor Freude Luftsprünge macht und in den höchsten Tönen Lieder singt!

Über dieses ergreifende Bild von Christ, der unter das Kreuz kommt und seine Last ablegt, läßt sich gut meditieren. Die meisten von uns versuchen in der Tat, ihre Lasten loszuwerden und sie abzuwerfen. Wir können gut sagen: »O Gott, bitte hilf mir.« Das Dumme ist nur, wir neigen dazu, für eine Weile zu knien, am Ende unseres Gedankengangs aufzustehen und, anstatt unsere Lasten zurückzulassen, unseren überfüllten Rucksack wieder zu schultern und davonzustolpern!

Ein Leben an der Felswand mit einem überfüllten Rucksack auf dem Rücken ist hart. Es ist schwer, am Felsen Halt zu finden, wenn wir Angst haben müssen, daß wir das Gleichgewicht verlieren und abrutschen.

Wie können wir lernen, unsere Lasten abzulegen?

Finden Sie heraus, worin Ihre Lasten bestehen. Es kann eine Weile dauern. Diese »Lasten« können viele verschiedene Dinge sein:

Negative Selbstgespräche, zum Beispiel »Ich bin nichts wert« (siehe Kapitel 18).
Ein Mangel an Verständnis für uns selbst.
Ein Mangel an Verständnis, was Depressionen sind.
Eine unrealistische Vorstellung, worauf es im Leben eigentlich ankommt.
Ungelöste Probleme in der Familie oder am Arbeitsplatz.
So viele Schuldgefühle, daß wir uns als Mensch nicht frei fühlen können.
Festhalten an Bitterkeit, Eifersucht oder bösen Gedanken über einen alten Feind.

Gefühle der Eifersucht und Bitterkeit gegenüber anderen loszuwerden, könnte die Qualität unseres Lebens erheblich verbessern.

Arbeiten Sie daran, über diese Dinge hinauszuwachsen

Das geht nicht im Schnellverfahren. An manchen Tagen spüren wir, daß wir alle unsere Lasten mit uns herumtragen. An anderen Tagen scheinen wir sie für kurze Zeit losgeworden zu sein. Es ist wichtig, sich diese Momente der Erleichterung bewußt zu machen und sie zu genießen. Sie geben uns einen Vorgeschmack darauf, wie das Leben sein kann, wenn wir oben auf dem Gipfel unseres Aufstiegs angekommen sind.

Der Aufstieg aus der Depression wird leichter, wenn wir auf die Augenblicke achten, in denen wir das Gefühl haben, die Lasten für eine Weile losgeworden zu sein. Heute morgen schien die Beklemmung etwas weniger stark zu sein. Die Vorstellung, aufzustehen, war nicht der totale Alptraum. Vielleicht scheint heute die Sonne, und ich werde die ersten Frühlingsknospen entdecken.

Entscheiden Sie, was Sie zuerst abladen könnten

Noch niemand ist von Depressionen frei geworden, indem er die ganze Ladung auf einmal abgeworfen hat. Wenn Sie sich den großen Dingen noch nicht stellen können (wie zum Beispiel jemandem zu vergeben, der Ihnen etwas Böses angetan hat), versuchen Sie es doch erst mal mit etwas Einfachem. Schauen Sie sich zum Beispiel Ihren Streßpegel an oder wie Sie mit bestimmten Dingen umgehen, damit Sie sehen, ob Sie es sich vielleicht unnötig kompliziert und schwer machen. Wenn es Sie beispielsweise verrückt macht, für Ihre Kinder das Schulbrot fertigzumachen, überlegen Sie doch einmal, ob es nicht schon am Abend vorher vorbereitet werden könnte, oder (meine eigene Methode) ob Sie die Kinder nicht auffordern sollten, es selbst zu machen.

Vielleicht liegt es an ihrer Neigung zu Schuldgefühlen, daß sich depressive Menschen so viele Umstände machen und sich manchmal übermäßig abrackern.

Der Erfolg einer Bergtour hängt davon ab, ob die Lasten abgelegt werden. Das ist auch entscheidend für einen erfolgreichen Aufstieg aus der Depression.

Die praktischen Tips in diesem Buch sollen verdeutlichen, worin die Lasten bestehen. Wenn wir wissen, was uns niederdrückt, können wir es leichter loswerden.

◆ Die verbitterte alte Dame, die Vergangenes nicht hinter sich läßt, entwickelt einen »Zeige-Finger«. Sie ist so hartnäckig im Anklagen, daß sie ihre Fähigkeit verliert, sich an der Felswand festzuhalten.

- Der eifersüchtige Mann ist so auf das fixiert, was ihm nicht gehört, daß er gar nicht mehr schätzt, was er tatsächlich hat. Er verliert die Fähigkeit, sich am Sonnenschein zu freuen. Er sieht nicht das Wunder und das Neue eines beginnenden Frühlings.
- Die wütende junge Frau ist so damit beschäftigt, ihren Protest hinauszuschreien, daß sie die Worte des Friedens nicht hört, die ihr angeboten werden.
- Der von Schuldgefühlen niedergedrückte Mann erkennt all die Dinge nicht, die das Leben schön und erfreulich machen sollen. Er macht sich so viele Sorgen um seine viele Schuld, daß er seine Einzigartigkeit und seinen Wert nicht zu schätzen weiß.

Denken Sie daran:

- Die praktischen Tips in diesem Buch sind kein Patentrezept. Sie sollen Ihnen nur dabei helfen, die richtigen Fragen zu erkennen, die Sie sich über Ihre Depression stellen sollten.
- Was sich davon nicht bewährt, lassen Sie ruhig weg; probieren Sie etwas anderes aus. Wenn wir es darüber hinaus noch schaffen, uns zu fragen, warum uns etwas nicht hilft, werden wir wieder etwas weiser und kommen dem Gipfel näher.

Wenn heute gar nichts anderes klappt, gehen Sie hinaus und pflükken Sie Gänseblümchen, oder tanzen Sie barfuß im Gras, oder . . .

Wenn wir wissen, was wir für unseren Aufstieg unbedingt brauchen und was wir zurücklassen müssen, sind wir bereits in die Felswand eingestiegen. Wir machen unsere ersten Schritte hinauf. Wir stehen nicht mehr nur hilflos vor dem riesigen Berg, sondern tun etwas.

Praktische Tips

▷ Wiederholen Sie Ihren Strategieplan, um aus der Depression herauszukommen (siehe Teil 4).

▷ Machen Sie eine Liste von den Dingen, die Sie als Lasten beim Bergsteigen mit sich führen.

Mehr über: *negatives Selbstgespräch* Kapitel 18; *Mangel an Verständnis für uns selbst* Kapitel 19; *Mangel an Verständnis für die Depression* Kapitel 5 und 6; *eine unrealistische Sicht, um was es im Leben eigentlich geht* Kapitel 16.

18

Negatives Denken

Ich kann die Fehler aller Menschen entschuldigen, nur nicht meine eigenen.   Cato d. Ä.

Was ist mangelndes Selbstwertgefühl?

Mangelndes Selbstwertgefühl hat viele Aspekte. Manchmal läßt es sich nur schwer bei Menschen feststellen, die nach außen hin fröhlich und lebenstüchtig wirken. Wir fangen an, bei uns selbst zu erkennen, daß sich hinter dieser offenbar ruhigen, zuversichtlichen und ausgelassenen Fröhlichkeit, wie wir sie der Welt präsentieren, ein ängstlicher Wesenskern verbirgt, den wir meinen, verbergen zu müssen.

Wenn du glaubst, du seist schlecht und unannehmbar, kannst du weder mit Freude zurückschauen auf deine Vergangenheit noch mit Hoffnung in deine Zukunft blicken: Nur Schlechtes ist dir in der Vergangenheit widerfahren, und nur Schlechtes wird dir in Zukunft geschehen.

Dorothy Rowe

Hier sind einige Anhaltspunkte, woran wir mangelndes Selbstwertgefühl erkennen können:

- ◆ Ein Mangel an Selbstvertrauen. »Das schaffe ich nicht.« »Alles, was ich tue, mißlingt.« »Ich habe wieder versagt. Ich versage immer. Ich bin nichts wert.«
- ◆ Ein Gefühl von Schuld, das nicht nachläßt. »Es ist alles meine Schuld.«
- ◆ Gefühle des Selbsthasses. »Ich hasse mich. Ich bin nichts wert.«
- ◆ Eine negative Wahrnehmung des eigenen Körpers. »Ich bin häßlich.« »Ich bin zu dick / dünn / groß / klein.« »Ich mag die Form meiner Nase / meines Gesichts / meiner Hüften nicht.« »Meine einzige Hoffnung ist eine Schönheitsoperation.«
- ◆ »Ich bin ein hoffnungsloser und aussichtsloser Fall.«

Ganz schlimm wird es, wenn Menschen mit mangelndem Selbstwertgefühl glauben, die Welt wäre besser dran, wenn sie tot wären.

Schließlich stellen wir vielleicht fest, daß unser mangelndes Selbstwertgefühl der Depression zugrunde liegt.

Woher kommt ein mangelndes Selbstwertgefühl?

Wenn sich in uns selbst erst einmal das Selbstbild des Versagers und Dummkopfes festgesetzt hat, ist es ein Kampf, diese Gedanken wieder loszuwerden. Wenn wir verstehen, wie sich dieses Denken entwickelt hat, kann uns das sehr helfen. Höchst wahrscheinlich glaubten wir nicht von Mutterleibe an, wir seien nichts wert!

Kritik in der Kindheit

Richard Winter benennt in seinem Buch über Depression *Roots of Sorrow* (»Wurzeln des Kummers«) eine Hauptursache für mangelndes Selbstwertgefühl, nämlich die massive Kritik in der Kindheit. Er sagt, daß jemand ». . . der denkt, er sei nichts wert und es lohne sich nicht, sich mit ihm abzugeben, oftmals in der Kindheit massiv kritisiert worden ist und gesagt bekommen hat, er sei ein hoffnungsloser Versager. Selbst wenn der Tadel niemals ausgesprochen wurde, ist er aufgewachsen in einer Atmosphäre von ›du bist mir nicht intelligent oder schön genug, um auf dich stolz zu sein und dich anzunehmen‹. Wenn das Grundbedürfnis, etwas wert zu sein, nicht befriedigt wird, wächst er mit einem schmerzhaften inneren Mangel auf und einer tiefen Sehnsucht nach Anerkennung, Annahme und Liebe.«

Die Unfähigkeit zu vertrauen

Wenn wir in unseren frühen Lebensjahren lernen, daß es unklug ist, Menschen zu vertrauen, lernen wir auch nicht, uns selbst zu vertrauen.

> *Die größten emotionalen Bedürfnisse in der Kindheit sind Schutz und Zuneigung, denn ohne sie kann das Kind nicht lernen, sich selbst oder irgendeinem anderen Menschen zu vertrauen. Die Fähigkeit, als Mensch zu wachsen, steht in direktem Verhältnis zu unserer Fähigkeit zu vertrauen.*

Ohne dieses Grundvertrauen in uns selbst scheinen sich alle möglichen irrationalen Vorstellungen in unserem Verstand breitmachen zu können, weil wir in der Kindheit abgeschnitten wurden und nun gezwungen sind, unseren eigenen Weg die Felswand hinauf zu finden. Diese Vorstellungen setzen sich fest in unserem Verstand und führen zu irrationalem Verhalten und Denken.

Das kleine Kind, das den Menschen in seiner Umgebung nicht vertrauen kann, weil sie ihm keine bedingungslose Liebe geben, lernt, daß es niemandem vertrauen kann. Nicht einmal sich selbst. Das ist der Anfang einer Depression.

Falsche Schuldgefühle

Die irrationalen Vorstellungen, daß die Dinge, so wie sie sind, irgendwie schlecht sind, weil irgend etwas unsere »Schuld« ist, können in der Kindheit entstehen.

Kinder können schlechter mit Situationen umgehen, deren Hintergründe sie nicht verstehen. Sie folgern oft, daß sie selbst die Probleme verursacht haben.

- Wenn sich Eltern streiten oder trennen, glaubt das Kind unter Umständen, das läge daran, daß es nicht artig war oder daß es den Eltern nicht wichtig ist.
- Ein Kind kann leicht zu der Überzeugung kommen, daß es den Tod eines anderen verursacht hat.

Wachsende Angst

Was ein Kind nicht verstehen kann, wird ihm zum Alptraum und zur Wurzel negativen Denkens.

Der Tod eines Großelternteils oder Elternteils kann von einem Kind nicht nur als etwas wahrgenommen werden, was es irgendwie selbst verursacht hat, sondern als ein Verlassenwerden, das es nach seiner Vorstellung sogar verdient. Die Vorstellung, »ich muß solch ein schlechter Mensch sein«, beginnt, sich in seinem Verstand auszubreiten, und wenn es erwachsen ist, hat sie sich verwandelt in »ich bin solch ein schlechter Mensch, daß mich niemals jemand lieben wird«.

Es kann eine Angst vor Verlassenheit entstehen, die jeden Aspekt des Lebens durchdringt. Sie kann sich in Perfektionismus ausdrükken. »Wenn ich alles richtig mache, werden sie mich lieben.« Es kann auch dazu führen, im Mittelpunkt stehen zu wollen. »Niemand liebt mich, darum muß ich irgendwie Aufmerksamkeit auf mich lenken.«

Die Angst, alleingelassen zu werden, ungeliebt und ungeschützt zu sein, ist ein Gefühl, das sich während einer Depression so sehr steigern kann, daß es außer Kontrolle gerät. Das verschlimmert sich noch, weil wir oftmals schlecht schlafen, Alpträume haben, und weil jede Depression die Tendenz hat, ein Gefühl völliger Entfremdung von allem und jedem mit sich zu bringen.

Wenn eine meiner größten Ängste darin besteht, nicht geliebt zu werden, dann glaube ich während einer Depression, daß genau dies geschieht. Auf jeden Fall fühle ich mich so. Egal wie sehr unsere Nächsten meinen, daß sie uns helfen und sich um uns kümmern, wir können es nicht dankbar annehmen, weil wir uns selbst als isoliert wahrnehmen. Im Loch. Abgeschnitten von jeglichem Kontakt zu Menschen.

Negatives Denken

Bei depressiven Menschen kommt es sehr häufig vor, daß sie zu sich selbst sagen, wenn irgend etwas passiert: »Das war alles meine Schuld«, »Wenn sie nur nicht gestorben wäre . . .« »Ich hätte das anders machen sollen«, »Was ist, wenn alles schiefgeht?« »Sie kann mich überhaupt nicht leiden.«

Das ist negatives Denken, und diese »Was-wäre-Wenns« und »Wenn-doch-Nurs« können unser Leben bestimmen und jeden sinnvollen Plan, um aus der Depression herauszukommen, vereiteln.

Um dahinterzukommen, ob wir so denken (und die meisten Menschen tun das hin und wieder), sollten wir unsere Gedanken aufschreiben, wenn etwas schiefgeht oder uns ärgert. Es kann sein, daß diese Art, negativ zu denken, so zur Gewohnheit und so über-mächtig geworden ist, daß sie uns tatsächlich in der Depression ge-fangenhält.

Manchmal ist es schwierig, negatives Denken aufzudecken. Ein Leben lang haben wir daran gearbeitet, es zu einer Kunst zu ver-edeln. Wir müssen sowohl üben, es zu identifizieren, als auch es zu verändern. Ich hatte verschiedene Listen in der Tasche, mit deren Hilfe ich einige Wochen an meinem Denken arbeitete. Überrascht stellte ich fest, wie sehr ich negativ dachte, und staunte, als ich merkte, daß ich das ändern konnte.

Ja, wirklich! Ich veränderte mein Denken!

Praktische Tips

Dies ist meine eigene Version eines sehr brauchbaren Tips, den ich gegen die Depression angewandt habe. Es lohnt sich wirklich, ihn auszuprobieren. Darum möchte ich Sie ehrlich ermutigen, es zu ver-suchen, auch wenn es sich dumm anhört.

▷ Lesen Sie sich die ganzen Tips durch.
▷ Schreiben Sie die Liste auf der nächsten Seite ab.
▷ Packen Sie die Liste und einen Bleistift in Ihre Tasche. Ich fand es praktisch, mehrere Exemplare zu haben, einige am Arbeitsplatz und einige zu Hause.
▷ Gebrauchsanweisung:

Situation. In dieses Feld tragen Sie ein, was geschah oder das Ereig-nis, um das es ging, zum Beispiel ein warmes Abendessen oder eine Arbeitsbesprechung.

Automatische Gedanken. In dieses Feld tragen Sie Ihre automati-schen Gedanken ein. »Ich kann nicht gut kochen.« »Sie kann mich überhaupt nicht leiden.« »Alles, was ich mache, geht schief.« Schrei-ben Sie auf, was Sie sich selbst mit diesen Gedanken mitteilen. »Das beweist, ich bin nichts wert.«

Datum:

Situation oder Ereignis:
Was habe ich getan/gedacht? Was ist geschehen?

Automatische Gedanken:
In der Situation. Inwieweit glaube ich Ihnen? (0–100 %)

Rationale Antwort:
Was dachte ich, als es geschah? Welche Antworten kann ich diesen Gedanken entgegenhalten?

Gefühle:
In der Situation. Inwieweit glaube ich ihnen? (0–100 %)

SPÄTERE ANTWORTEN

Korrigierte Gedanken:

Und inwieweit glaube ich ihnen? (0–100 %)

Gibt es Fortschritte?

Was habe ich gelernt über andere / mich selbst? Was kann ich jetzt tun?

Gefühle / Empfindungen:
Später. Inwieweit glaube ich ihnen jetzt? (0–100 %)

105

Rationale Antwort. Versuchen Sie, rational darauf zu antworten und die automatischen Gedanken in Frage zu stellen. Manchmal gelingt mir das sofort. Manchmal brauche ich mehrere Tage, bis ich dazu fähig bin. Mit der Zeit geht es schneller.

Gefühle. Geben Sie in Prozentwerten Ihre Gefühle / Empfindungen an, zu der Zeit, als das Ereignis stattfand, zum Beispiel wütend 100 %, schuldig 60 %, ängstlich 100 %.

Die Felder unten sind für später – entweder noch am selben Tag, oder wenn Sie gerade erst damit anfangen, auch sehr viel später. Dabei geht es darum zu erkennen, daß unsere Gedanken zum Zeitpunkt eines Ereignisses nicht unbedingt dieselben sind, die uns in einem ruhigeren Moment dazu einfallen.

Korrigierte Gedanken. »Nur weil mir dieser Auflauf angebrannt ist, heißt das noch lange nicht, daß ich niemals eine vernünftige Mahlzeit zustande bringe.« »Nur weil sie mich nicht angerufen haben, heißt das nicht, daß sie mich nicht leiden können.« »Nur weil sie mich zurechtweist, heißt das nicht, daß ich an meinem Arbeitsplatz ein hoffnungsloser Fall bin.«

Gibt es Fortschritte? Sie können darüber nachdenken, wie Sie mit der schwierigen Situation umgegangen sind. Sie können sehen, was Sie gelernt haben. Sie können versuchen, (a) positiver, (b) ausgewogener, (c) angemessener mit Dingen umzugehen. Wir lernen, nach anderen möglichen Erklärungen zu suchen. »Vielleicht hat er mich nicht gegrüßt, weil er mich gar nicht gesehen hat.«

Gefühle/Empfindungen später. Wir können unsere Gefühle überprüfen. Zum Beispiel können am folgenden Tag alle Schuldgefühle verschwunden sein (die Schuldgefühle können 100 % betragen haben oder später vielleicht nur noch 10 %). Vielleicht empfinden wir Wut. (Vielleicht sogar eine ganze Menge Wut!)

Durch den Umgang mit dieser Liste habe ich einiges gelernt. Ich ertappe mich oft dabei, daß ich mir sage: »Wäre ich doch nur anders.« »Das beweist doch, daß ich nichts wert bin.« Kein Wunder, daß ich mich depressiv fühle. Es wäre kaum möglich, sich dabei anders zu fühlen!

Die alten Platten

Die Dinge, die wir uns oft selbst sagen, sind »alte Platten«, die wir uns immer wieder vorspielen. Sie sind das Ergebnis von Ereignissen, die viele Jahre zurückliegen. Diese Relikte der Vergangenheit stammen aus der Kindheit, als wir noch die Welt aus der begrenzten Perspektive eines Kindes betrachteten. Damals verstanden wir manches falsch – das ließ sich gar nicht verhindern.

Darum nehmen wir uns selbst vielleicht als unbrauchbar, ungeliebt und wertlos wahr. Solange ein Kind die Welt um es her noch nicht verstehen kann, zieht es den Rückschluß, daß Erwachsene »gut« und »gerecht« sind, weil es als Kind lernt, so zu denken. Wenn also ein Erwachsener ein Kind schlecht behandelt, es enttäuscht oder es ständig kritisiert, dann denkt das Kind, daß es selbst »schlecht« ist. Diese Sicht über sich und die Welt setzt sich immer mehr im Denken dieses Kindes fest. Sie wird zu einem Bestandteil seines inneren Wesens.

Wenn wir selbst so ein Kind waren, sagen wir uns, daß wir nichts wert sind. Das ist eine alte Platte. Es zeigt, wo die Ursachen für unser mangelndes Selbstwertgefühl liegen. Wir müssen – und wir können – diese »alten Platten« durch neue ersetzen, die wahrer und positiver sind.

Gefühle verändern sich langsam

Dabei begegnet uns die überraschende, aber entscheidende Tatsache, daß wir zwar sehr logisch mit solchen Dingen umgehen können, sie verstehen, ja sogar unsere Überzeugungen ändern können (»ich bin nicht wertlos, ich bin völlig in Ordnung«), aber unsere Gefühle sagen uns etwas anderes. Gefühle verändern sich langsam. Wenn uns unser Verstand sagt: »Es ist alles in Ordnung«, schreien unsere Gefühle: »Nein, das stimmt nicht.«

Wir müssen weiter an diesen »alten Platten« arbeiten, bis unsere Gefühle nachziehen. Das ist ein hartes Stück Arbeit.

Was sage ich mir selbst?

Zu den nützlichsten Dingen, die ich in den vergangenen Jahren gelernt habe, gehört herauszufinden, was ich mir selbst sage. Die meisten Menschen führen solche »negativen Selbstgespräche«.

Diese Art, unsere Probleme anzugehen (unser negatives Denken zu entlarven), ist die Grundlage der »kognitiven Therapie«.

Während wir ganz normal unser Leben führen, plärren uns immer wieder diese »alten Platten« entgegen, die sich in uns festgesetzt haben, und sagen uns so negative Sachen wie:

> *»Ich versage immer bei allem, was ich tue.«*
> *»Alles ist gegen mich.«*
> *»Ich bin immer . . .«*
> *»Weil . . . in meinem Leben geschehen ist, als ich fünf war, kann ich das niemals loswerden.«*
> *»Ich bin völlig allein, und das wird immer so bleiben.«*
> *»Gott liebt mich nicht.«*
> *»Niemand liebt mich.«*
> *»Ich bin nichts wert.«*

Diese »alten Platten« sind für einige von uns eine der Wurzeln unserer Depression.

Natürlich, Ihre Hormone sind wegen der Geburt des Babys aus dem Gleichgewicht geraten. Ja, es war schwer, den Todesfall zu verkraften, der das alles ausgelöst hat. Ja, die Wechseljahre sind schlimm. Es ist furchtbar, arbeitslos zu sein. Ja, die Pflege Ihres Vaters all die Jahre hindurch hat Sie verrückt gemacht.

Aber es sind die alten Platten aus der Vergangenheit, die Ihr Innerstes mit eiskaltem Griff umklammern. Entscheidend für unseren erfolgreichen Aufstieg aus der Depression ist es, zu identifizieren, was auf diesen alten Platten drauf ist – unsere negativen Selbstgespräche.

Die zehn Gebote der Selbstzerstörung

Vor einigen Jahren hat mir ein Bekannter in Amerika diese »zehn Gebote« von Richard L. Mason gezeigt. Sie sind witzig, und dennoch werden darin die tiefgründigsten und am schwersten zu identifizierenden Überzeugungen aufgezählt, die wir über uns selbst und über unsere Umwelt haben.

»Und der Teufel sagte zu seinen Engeln: ›Bringt Unheil über das Erdreich. Schafft Unglück an allen Orten. Sät Furcht, Sorge, Wut und Depression in Jerusalem, in Judäa und bis an die äußersten Enden der Erde. Denn wie ich wandle, so sende ich euch.‹

Und einer der Engel, sein Name war Anklage, siedelte in den fruchtbaren Tälern am Ufer des Ohio Flusses. Dort begann er die zehn Gebote zu lehren:

1. Du sollst niemals Fehler machen.
2. Du sollst dich ärgern, wenn etwas schiefgeht.
3. Du sollst deinen Nächsten anklagen wie dich selbst.
4. Du sollst dich nicht lieben, dir nicht vergeben und dich nicht annehmen.
5. Du sollst immer erwarten, daß Dinge anders sind als in Wirklichkeit.
6. Du sollst bei allem, was du tust, nach Liebe und Anerkennung aller Menschen streben.
7. Du sollst den Schwierigkeiten im Leben ausweichen, weil du weißt, daß du dich nicht verändern kannst, denn du bist gefangen in deiner Vergangenheit.
8. Du sollst dich mit allem beschäftigen, was dich ärgert.
9. Du sollst untätig abwarten, bis das Glück sich dir naht.
10. Dein Glück soll hauptsächlich von anderen abhängig sein.

Und Anklage lehrte die Menschen in den Tälern, die glaubten ihm. Sie kamen in großer Zahl und hörten und glaubten, so daß die Erde wahrlich erfüllt wurde von Furcht, Sorge, Wut und Depression.«

Zum Nachdenken

▷ Lesen Sie sich diese »zehn Gebote« langsam und sorgfältig durch. Notieren Sie sich, was Ihnen dazu einfällt. Versuchen Sie, mit jemandem über das zu reden, was Sie denken.

Praktische Tips

▷ Arbeiten Sie weiter mit der folgenden Liste des negativen Denkens. Wenn Sie es schwierig finden, damit umzugehen, versuchen Sie am ersten Tag nur einen einzigen negativen Gedanken zu identifizieren.

Wenn wir uns an die Liste gewöhnt haben, finden wir vielleicht heraus, daß wir so oder ähnlich über uns selber denken:

»Ich bin ein Nichtsnutz. Alles mache ich falsch.« (Wenn eine Situation anfängt schiefzugehen, geben wir uns automatisch selbst die Schuld.)

»Keiner kann mich leiden.« *»Niemand hält etwas von mir.«* *»Unsere Ehe geht in die Brüche.«* (Wenn man uns nicht die Bestätigung gibt, die wir meinen, nötig und verdient zu haben: »Das war aber ein leckerer Auflauf«.)

»Am liebsten wäre ich tot.« (Wenn wir meinen, wir können unmöglich aufstehen und zur Arbeit gehen. Das beweist, wir sind nicht zu gebrauchen, und das Leben wird immer so schlimm bleiben.)

Warum hat mich das so verletzt?

Wenn wir einige Male diese Liste des negativen Denkens benutzt haben, können wir noch mehr aus ihr herausholen. Wir können anfangen, unser Denken zu hinterfragen oder zu analysieren.

Vorsicht! Das kann ziemlich schrecklich werden! Ich habe mich so vor einigen Jahren mit einem Beispiel aus meinen Listen schriftlich auseinandergesetzt, und am Ende steht die Notiz: »Es war die Hölle, das aufzuschreiben.« Es war so grausam, daß ich mich selbst heute noch lebhaft an den Schrecken erinnere, als ich versuchte, mich da durchzukämpfen.

Machen Sie das an einem Tag, wo Sie sich wirklich stark fühlen!

1   Greifen Sie einen Gedanken aus einer Ihrer Listen des negativen Denkens heraus. Zum Beispiel steht auf einer meiner Listen, die ich nach einer Besprechung angelegt habe, in der mich meine Chefin wiederholt vor meinen Kollegen korrigierte: »Sie kann mich überhaupt nicht leiden.«

2   Versuchen Sie herauszufinden, warum dieser negative Gedanke von der »alten Platte« so weh tut. Ich habe das mit Hilfe einer Serie von Fragen und Antworten gemacht, indem ich versucht habe, die negativen Gedanken positiv zu beantworten.

3   Setzen Sie das so lange fort, bis Sie eine grundsätzliche Basisüberzeugung erkennen, die Sie über sich selbst haben.

Diese grundsätzlichen Überzeugungen über uns selbst sind wichtig, weil in ihnen die Dinge stecken können, die uns in der Depression festhalten. Wir müssen herausfinden, worin sie bestehen.

Es kann hilfreich sein, jemanden zu suchen, der bei der positiven Beantwortung Ihrer negativen Gedanken mithilft.

Negativer automatischer Gedanke: »Sie kann mich überhaupt nicht leiden.«

Positive Antwort: »Na und? Andere Leute mögen mich.«

Ich schrieb in mein Tagebuch, daß mein Selbstwertgefühl, mein Wert als Mensch, sehr davon abhing, ob mich andere Menschen wertschätzten. Ich hatte die grundsätzliche Überzeugung, daß ich nur wertvoll wäre, wenn andere Menschen das meinten. Besonders schlimm wurde das in einer beruflichen Situation, wo ich ständig kritisiert wurde. Diese Übung machte es in keiner Weise leichter, mit der Kritik fertigzuwerden, aber ich lernte etwas über mich selbst und darüber, warum ich diese Kritik so stressig fand.

Diese Übung klappte bei den meisten negativen Gedanken, bei manchen ging es leichter, bei anderen schwerer. Bei einigen brauchte ich jedoch jemand, der mit mir gemeinsam daran arbeitete.

Als ich weitere Monate mit diesen Listen arbeitete, wurde noch etwas anderes deutlich: Ich betrachtete mich selbst nur als einen wertvollen Menschen, wenn ich eine bezahlte Tätigkeit ausübte. Das erklärte eine Menge über meinen Lebensstil und über meine Einstellung zu mir selbst.

Diese grundlegenden Überzeugungen über uns selbst aufzudecken, ist eine entscheidende Überlebensstrategie für uns.

Teil 5

Dranbleiben

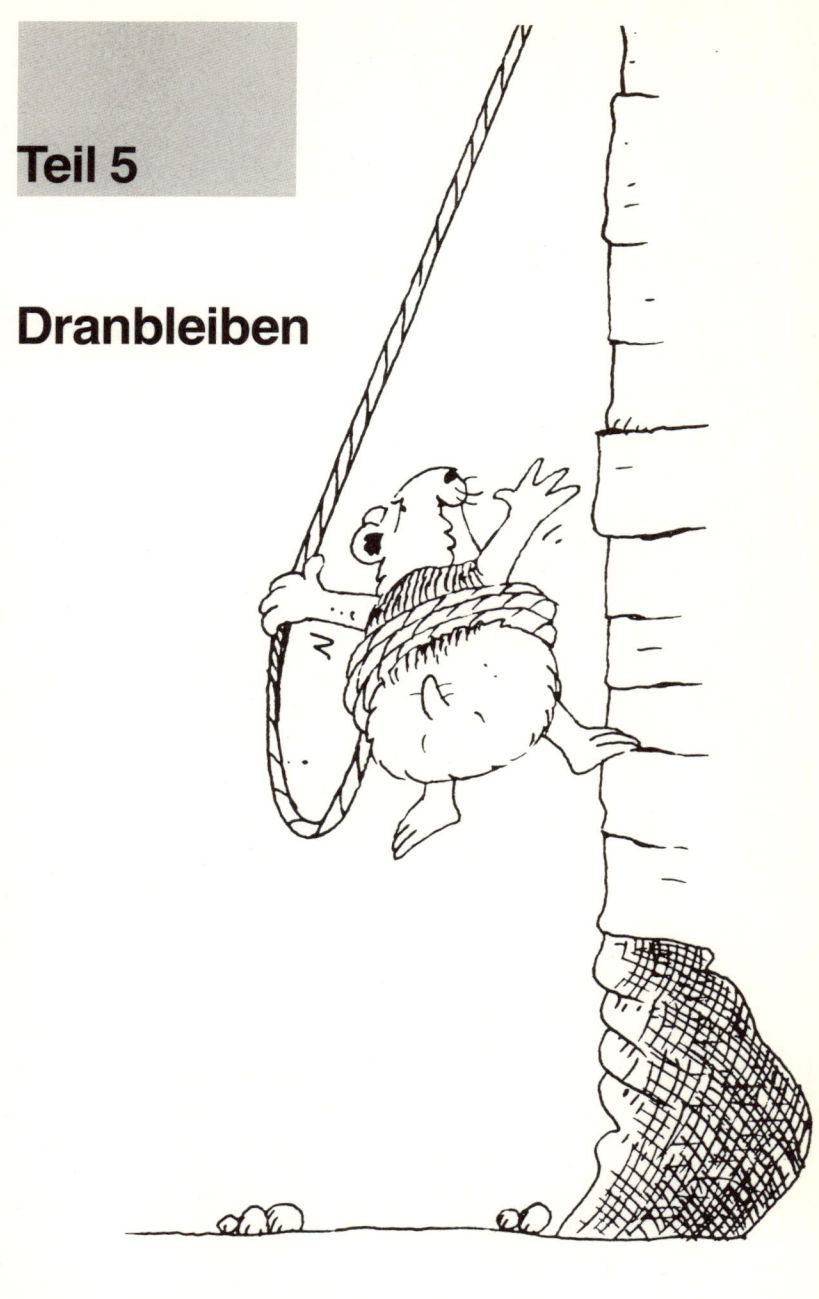

19

Mich selbst kennenlernen

Nur wenn wir uns selbst besitzen, können wir uns anderen hingeben. Wenn wir das, was wir besitzen, als falsch, schlecht oder böse empfinden, dann versuchen wir es nicht nur vor anderen, sondern auch vor uns selbst zu verbergen.

Jack Dominian

Wenn wir wirklich dranbleiben wollen an unserem Aufstieg aus der Depression, dann ist es entscheidend wichtig, daß wir uns selbst kennenlernen. Wir müssen unsere Stärken und Schwächen erkennen und das, was uns von innen her zu dem macht, was wir sind.

Wir müssen lernen, das Tempo für unser Leben zu bestimmen. Wenn es Ihnen so geht wie mir, dann haben Sie gute und schlechte Tage. Manchmal ziehen sich die schlechten Tage über Wochen und Monate hin, aber *in jedem Fall* leisten Sie an manchen Tagen mehr als an anderen.

Ich weiß, daß ich an guten Tagen viel geschafft bekomme. Ich muß nur aufpassen, daß ich nicht zu viel mache, denn sonst bin ich erschöpft. Ich versuche, einige Zeit vor dem Schlafengehen Schluß zu machen, mich zu duschen und zu entspannen.

Wenn Sie jemals das Etikett »manisch depressiv« (es gehört zu meiner eigenen Sammlung) erhalten haben, dann ist Ihnen dieses Muster vertraut, an manchen Tagen zu übertreiben. Es ist schwierig, einen Mittelweg zu finden, einerseits zwar »das Heu einzufahren, solange die Sonne scheint«, aber andererseits sich dabei nicht so zu überanstrengen, daß man am nächsten Tag zu nichts mehr zu gebrauchen ist.

Es kommt ganz darauf an, wie man sein Tempo bestimmt. Um das gut zu meistern, muß man wissen, wie man selbst funktioniert.

Ich nehme an: Wenn wir nett zu uns selbst sind, stehen wir in größter Gefahr, furchtbare Zauderer zu werden. Aber ich glaube, das ist eine Gefahr, mit der wir lernen müssen zu leben.

Den Aufstieg aus der Depression zu überleben, bedeutet nicht nur, eine (entsetzlich) lange Klettertour durchzustehen. Es geht streckenweise gut voran. Aber es gibt auch eine ganze Menge Unterbrechungen.

Manchmal müssen wir uns ausruhen

Für heute Schluß zu machen und sich an einen sicheren Ort zurückzuziehen, ist nichts »Schlechtes«. Wir müssen uns deswegen nicht schuldig fühlen. Depressive Menschen scheinen am allermeisten unter Schuldgefühlen zu leiden. Der größte Teil dieser Schuldgefühle ist absolut unangebracht. Wir müssen erkennen, daß sie nur unseren Zustand verschlimmern! Für heute Schluß zu machen, kann sich hinterher als nützlich und positiv erweisen.

Menschen auf dem Weg

Es ist ein ausgesprochen schwieriges Unterfangen, uns selbst kennenzulernen. Ich glaube nicht, daß wir damit jemals völlig fertig werden. Es wird immer ein fortdauernder Prozeß sein. Jemand sagte einmal, wir sind »Menschen auf dem Weg«. Ob wir das mögen oder nicht, wir sind unterwegs. Manchmal ist es eine qualvolle Reise, und oft möchten wir das Handtuch werfen.

Ich sehe das Leben inzwischen als eine Art Pilgerfahrt. Sehr mißtrauisch werde ich bei Leuten, die verkünden, sie seien bereits »angekommen«, sie seien am Ziel. Mein Leben scheint niemals so zu sein. Immer, wenn ich meine, jetzt bin ich da, wartet schon die nächste große Krise. Darum sehe ich das ganze Leben inzwischen einfach als eine Reise an.

»Es wird besser, wenn . . .«

Es ist ein großer Fehler zu denken, wenn unsere momentanen Probleme eines Tages verschwinden, wird von da an das Leben voller Seligkeit sein. Eines Tages werden unsere gegenwärtigen Probleme vergehen, aber dafür wird es andere geben. (Hoffentlich nicht so furchtbare wie die Depression!) So ist das Leben nun mal.

Der Achtzehnjährige denkt, das Leben geht erst richtig los, wenn er mit der Schule fertig ist. Die junge schwangere Frau meint, alles wird gut, wenn erst einmal der Zeitpunkt der Geburt gekommen ist. Die Berufstätige denkt, das Leben wird besser, wenn sie nur diese Beförderung erhält.

»Alles wird besser, wenn wir unser neues Haus bekommen . . .« »Wenn ich mehr Geld habe . . .« »Wenn die alte Oma stirbt . . .« »Wenn wir verheiratet sind . . .« »Wenn die Kinder aus dem Haus sind . . .« »Wenn . . .«

Wir halten oft an einer sehr merkwürdigen Vorstellung vom richtigen Leben fest, als sei es sorgenfrei, ziemlich angenehm und mit einer Menge Spaß verbunden. Ich kenne niemanden, dessen Leben wirklich so ist – zumindest nicht auf die Dauer. Das Leben ist schwer.

Manchmal werden die reichen Leute, die ich kenne, von ihrem Geld erdrückt und machen sich so viele Sorgen darum, daß es mir erstrebenswerter erscheint, etwas knapper bei Kasse zu sein. Menschen, die sich an die Spitze vorkämpfen, scheinen ein Leben voller Streß zu haben. Alle, die befördert werden möchten, scheinen unzufrieden, bis sie ihr Ziel erreicht haben.

Leute ohne Kinder wünschten, sie hätten welche. Viele, die Kinder haben, werden fast krank vor Sorgen um sie. Verheiratete entwickeln eine merkwürdige Intoleranz gegenüber ihrem Partner. Es gibt beängstigend viele Scheidungen und Trennungen in meinem Bekanntenkreis. Manche Alleinstehenden sind traurig, weil sie allein sind.

Jeder, wirklich jeder, hat irgendwelche Probleme, und wenn eines gelöst ist, wird es von einem anderen ersetzt. So ist das Leben. Wenn wir unseren Kindern über den Kopf streicheln und sie drücken und sagen: »Es wird alles gut«, dann sollten wir vielleicht als Gegengewicht zu diesem durchaus angemessenen Trost erklärend ein paar Worte über die Realitäten des Lebens hinzufügen.

Vielleicht tun wir unseren Kindern gar nichts Gutes damit, wenn wir ihnen immer nur erzählen, daß im Leben »alles gut« wird? Ich weiß es nicht. Die Wahrheit ist, daß es über weite Strecken hin nicht gut ist. Zumindest *empfinden* wir es nicht als gut. Aber vielleicht muß die Welt des Kindes eine Welt sein, wo am Ende alles gut wird und eine Menge Sicherheit herrscht. Auf jeden Fall kann es nicht richtig sein, Kinder bewußt Härten auszusetzen, damit sie lernen, daß es hart ist auf der Welt.

Vielleicht müssen wir selbst einen Weg finden und auch unsere Kinder lehren, einen Weg zu finden, nicht so zu tun, als ob es im Leben keine Probleme gäbe, sondern wie man kreativ mit Problemen umgeht.

Zum Nachdenken

▷ Erwarte ich zuviel von mir selbst?

▷ Stelle ich unrealistische Erwartungen an das Leben?

20

Gefühle sind in Ordnung

Durch Gewalt ermordest du vielleicht den, der haßt, aber du ermordest nicht den Haß.
Martin Luther King

Gefühle sind in Ordnung. Manchmal machen sie einem vielleicht etwas Angst, aber sie sind in Ordnung. Ich weiß nicht, was an ihnen jemals »falsch« sein sollte. Sie sind ein Teil von uns. Ein Teil jenes Bereichs von mir, den ich »mein Herz und meine Seele« nenne. Sie gehören zum innersten und wichtigsten Bestandteil unserer Menschlichkeit. Sie bestimmen die Art, wie ich mir selbst mitteile, was ich denke und fühle. Sie sind einzigartig und wertvoll.

Unverstandene Bedürfnisse und Gefühle, die unter den Teppich und außer Sichtweite gekehrt werden, sind trotzdem weiter vorhanden. Und wenn wir uns weigern, sie wahrzunehmen, werden sie zu einem tödlichen, unsichtbaren Virus in unserem Körper. Langsam fressen sie sich in unser Fleisch, in unseren Verstand und schließlich in unser Innerstes hinein. Unsere ganze Existenz wird infiziert, solange wir die Gefühle nicht ans Licht holen und uns bemühen, mit ihnen fertigzuwerden.

Vielleicht finden wir, es wäre schädlich, diese Gefühle herauszulassen. Aber ich glaube, es ist mindestens ebenso schädlich, sie zu vergraben. Wahrscheinlich ist es sogar wesentlich schädlicher. Vergrabene Gefühle kommen irgendwie doch zum Vorschein. Und wenn das geschieht, werden wir sehr stark davon in Mitleidenschaft gezogen.

Sie können verheerend sein (wir brauchen uns nur die Auswirkungen unserer Depressionen anzuschauen, um das zu erkennen). Sie sind erdrückend, weil wir sie nicht verstehen und meinen, wir hätten nun noch weniger Kontrolle über unser Leben als vorher. Wir fürchten uns vor ihnen, weil wir sie nicht verstehen können. Bei manchen von uns können sie Angstzustände verursachen. In Wirklichkeit haben wir Angst vor uns selbst.

Häufig bahnen sie sich übermäßig heftig ihren Weg nach außen. Daher bekommen wir vielleicht furchtbare Wutausbrüche, wenn unser Partner oder unser Kind irgendeine Kleinigkeit anstellt. Die Wut hat nichts mit dieser Kleinigkeit zu tun. Sie hat einen ganz anderen Ursprung: Sie bezieht sich auf ein vergrabenes Gefühl, das in uns auf der Lauer liegt.

Akzeptieren, was ich wirklich fühle

Zu akzeptieren, daß ich wütend bin, kann einer der ersten Schritte beim Aufstieg aus der Depression sein. Zu akzeptieren, daß ich verletzt und zerbrochen bin, ist vielleicht der erste Schritt, um herauszufinden, warum ich so depressiv bin. Mich selbst als ein sexuelles Wesen anzunehmen, ist vielleicht der erste Schritt, um über meine Schuldgefühle hinwegzukommen und schließlich voller Freude sagen zu können: »Danke, Gott, daß du mir diese wunderbaren Gefühle gegeben hast.«

Zu behaupten, daß Gefühle wie Wut oder sexuelle Sehnsucht nicht vorhanden seien, ist sowohl dumm als auch gefährlich. Aber anderen gegenüber zuzugeben, daß es sie gibt, ist auch eine gefährliche Sache.

- ◆ Es kann gefährlich sein, Gefühle zuzugeben.
- ◆ Es macht uns verletzbar.
- ◆ Fast entblößt es unser Innerstes, unser Ich, unser Herz und unsere Seele.

Mit unseren Gefühlen »in Berührung« kommen

Wir nehmen große Schmerzen auf uns, um den »unannehmbaren« Teil von uns selbst, der starke Gefühle hervorbringt, zu schützen und zu versiegeln. Wir verstecken ihn. Für alle, die das Todestal der Depression durchleiden, gilt: Dieses Hügelgrab ist unser Schutzwall gegen den noch größeren Schrecken unserer wahren Gefühle, die tief in unserem Innersten verborgen sind.

Eines Tages werden all die verdrängten Gefühle unsere ruhige äußere Erscheinung durchbrechen wie ein Dampfstrahl, der aus einem Boiler schießt. Wenn der Ausgang blockiert ist, werden wir einfach in einem Moment explodieren. Das ist Depression – unser Versuch, diese gigantische Energie, die in uns brodelt und aufwallt, zu unterdrücken.

Das Problem bei unseren vergrabenen Gefühlen besteht darin, daß sie aus uns heraussprudeln, wenn wir sie nicht erwarten. Bestenfalls werden wir völlig verwirrt, schlimmstenfalls kann dieser Ausbruch unser Leben zerstören. Wir sind furchtbar häßlich zu denen, die uns lieben. Wir weinen, wenn es besonders unpassend ist. Wir empfinden Zerstörungswut, wenn ein ärgerliches Achselzucken angemessener gewesen wäre.

Aus dieser Falle kommen wir heraus, wenn wir nachzuempfinden versuchen, was wir *damals* gefühlt haben. Das ist gefährlich – und es tut weh.

Was kann ich tun, um diese Dinge zu erkennen?

Überraschenderweise können wir gerade dann anfangen, unsere Gefühle zu identifizieren – Ärger, Traurigkeit, schreckliche Angst usw., wenn wir etwas Kreatives oder Aktives tun.

Wenn wir uns depressiv fühlen, beginnen wir vielleicht, den Grund für unsere Depression zu erkennen, wenn wir auf ein Kissen einschlagen. Während wir schlagen, werden uns Dinge bewußt.

Während wir in unser Tagebuch schreiben, fangen wir an, uns selbst besser zu verstehen – wir hören, was wir denken. Während wir einen Balkonkasten neu mit Frühlingsblumen bepflanzen, erfahren wir bei den Gedanken an den sterbenden Winter etwas über unsere Traurigkeit.

Indem wir also anfangen, Stück für Stück unsere eigene Geschichte über die Ursachen unserer Depression zusammenzufügen, werden uns unsere Gefühle klarer.

Vielleicht hat es uns fertig gemacht, wie uns die Frau im Supermarkt gestern behandelt hat. Das Theater mit dem Mann, der den Gasbrenner warten sollte, und dem Gas, das hinterher austrat, hat uns furchtbar genervt. Die Sorge um einen Teenager oder die alternde Mutter, den Job, den wir verlieren können, oder um jemanden, der im Sterben liegt – all das sind Anlässe, um uns wütend, ängstlich oder aggressiv zu machen.

Sobald wir erkennen, was wir fühlen, empfinden wir eine gewisse Erleichterung, aber auch Angst.

Und jetzt?

Das Ausmaß dieser vergrabenen Gefühle zu erkennen, ist ungefähr so völlig entmutigend, wie vor einem Aufstieg am Fuß einer riesigen steilen Felswand zu stehen. Wenn wir sagen:»Ja, ich fühle mich wütend / verlassen / ungeliebt ...«, haben wir keine Vorstellung, wo uns das hinführen wird. Es ist etwas Großes, Unbekanntes. Der Stoff, aus dem die Alpträume sind.

Aber es gehört zu unseren größten Erfolgen, wenn wir in uns ein Gefühl erkennen, von dessen Vorhandensein wir nichts wußten. Wir bekommen langsam ein klareres Bild von dem, was hinter unserer Depression steckt. Obwohl dieses Bild Alpträume verursacht, ist es dennoch genau das, was wir brauchen, damit sich in unserem Leben wirklich etwas verändern kann – damit es vorwärts geht.

Warum fühle ich mich so?

»Warum bin ich so ärgerlich geworden, als sie das gesagt hat?«
»Warum habe ich so eine mörderische Wut empfunden bei einem
offensichtlich so geringfügigen Anlaß?« »Warum bin ich drei Jahre
nach diesem Todesfall so voller Ängste?« »Warum?«

Es ist weder einfach noch bequem, diese Fragen zu beantworten,
aber wenn ich weiß, daß ich zumindest *etwas* fühle, habe ich beim
Aufstieg den ersten Felsvorsprung erreicht – ich habe Berührung
mit mir als Person bekommen.

Wenn wir wissen, daß wir etwas fühlen, wissen wir, daß wir den
Aufstieg beginnen. Wir sind einen Schritt herausgetreten aus den
tiefsten Tiefen der Depression, wo es so schlimm ist, daß wir gar
nichts mehr fühlen.

Am Fuß der Felswand spüren wir so etwas wie eine fremdartige
Dumpfheit gegenüber dem Leben, die uns einhüllt in eine stille
Wattewelt, denn das zu empfinden, was uns an diesen Punkt ge-
bracht hat, wäre zu schmerzhaft. Darum fühlen wir fast gar nichts.

Wenn wir erst einmal die Wut oder die Zerbrochenheit über die
erfahrene Verlassenheit empfinden, oder den Horror bei der Vorstellung, daß es für jeden anderen Menschen besser wäre, wenn wir
tot wären – dann und nur dann wissen wir, daß wir in Berührung
kommen mit jenen Gefühlen und auf dem ersten Felsvorsprung unseres Aufstiegs angekommen sind. Wir befinden uns auf dem langen
und schwierigen Weg, uns selbst zu verstehen.

Mehr zu *Nett sein zu sich selbst* in Kapitel 7; *Wut* in Kapitel 22; *Schuldgefühle* in
Kapitel 23.

Die folgenden drei Kapitel handeln von Angst, Wut und Schuldgefühlen.

21

Angst, Sorgen und Panik überwinden

Übergroße Angst macht immer hilflos.   *Aeschylos*

Depressionen werden oft von furchtbaren Ängsten begleitet. Wenn wir es schaffen wollen, den Kampf um den Aufstieg an der Felswand durchzuhalten, müssen wir einige Strategien für den erfolgreichen Umgang mit dieser Angst lernen.

Es ist nicht die Angst davor, krebskrank zu werden oder bei einem furchtbaren Autounfall ums Leben zu kommen, oder daß unser Baby stirbt, so daß wir alle fünf Minuten nachschauen müssen, ob es noch atmet. Die Angst während einer Depression ist etwas anderes.

Wir können sie niemals hinlänglich erklären. Manche erleben sie schlimmer als andere. Sie ist schlimmer als total blinde Panik oder die Angst vor einem schrecklichen Unheil. Sie umgibt unser Leben. Sie läßt selten nach. Sie ruft in uns das Empfinden hervor, wir müßten in jedem Augenblick unseres Daseins um unser nacktes Überleben kämpfen.

Dieser Kampf ums Überleben kann so furchtbar sein, daß wir manchmal aufgeben und den Tod als eine recht verlockende Alternative empfinden. Dann wären wir doch wenigstens diese Angst los.

Der Angst begegnen

Es liegt nicht immer an einem Angstzustand, wenn uns das Herz pocht, wenn wir einen Schweißausbruch bekommen, wenn wir denken, wir müssen uns übergeben, und tausend wütende Elefanten durch unseren Magen toben. Die Angst bleibt einfach ständig in unserem Bewußtsein. Mitten in der Nacht, wenn wir wach liegen, ist sie da, lauernd.

Es ist, wie wenn man im Dunkeln auf einem Felsen am Rande eines Abgrunds entlanggeht. Jeden Augenblick könnten wir abstürzen in unseren sicheren Tod.

Manchmal ist es schlimmer als sonst. Vielleicht geben uns diese Zeiten einen Hinweis auf die Hintergründe der Angst. Solche Informationen müssen wir uns aufschreiben. Wann spüre ich am meisten Angst? Womit hängt sie zusammen?

Bei mir schien die Angst immer da zu sein. Dann erkannte ich, daß sie irgendwie zu tun hatte mit einer ganz irrationalen Angst davor, mit einem Therapeuten über meine Kindheit zu sprechen. Es gab bestimmte Dinge, die diese Angst bis zur Unerträglichkeit steigerten – als ob das Leben und das Universum, so weit ich es kannte, in Form einer entsetzlichen Katastrophe unterginge.

Das gab mir einige Hinweise, aber gleichzeitig war da ein sehr effektiver Mechanismus, der immer dann alle Gedanken zum Schweigen brachte, wenn ich versuchte, darüber nachzudenken, was es mit dieser Angst eigentlich auf sich hatte. Immer wenn mir einige Gedanken kamen, überwältigte mich eine Welle von Angst, so daß ich alle diese Gedanken wieder verdrängte und nicht weiterkam. Monatelang kam ich trotz aller Anstrengungen nicht über diesen Punkt hinaus.

Natürlich war es vernünftig die Gedanken zu verdrängen – sie aufsteigen zu lassen, hätte das Ende der Welt bedeutet! Aber ich mußte schließlich darüber hinwegkommen und mich meinen Ängsten stellen, damit ich daran arbeiten und sie überwinden konnte.

Die Falle

Die Angst kann sehr leicht auf fatale Weise mit Schuldgefühlen vermischt werden, und wir gewinnen den Eindruck, wir hätten diese Depression verdient. Sie ist die Strafe Gottes. Wir sind so schrecklich, daß es nur recht und billig ist, daß man uns so behandelt.

Gleichzeitig haben wir Angst vor dem Tod und sehnen uns nach ihm, um diesem schrecklichen Leben zu entrinnen. Es ist ganz natürlich, daß wir aufgrund unserer massiven Gefühle über Selbstmord nachdenken. Aber was wäre, wenn der Tod etwas noch viel Schlimmeres nach sich zöge als dieses entsetzliche Dasein? Vielleicht gibt es keinen Ausweg. Das Leben und der Tod sind gleichermaßen unerträglich. Und so greift die Depression noch fester zu.

Hoffnungslosigkeit stellt sich ein. Wir fangen an zu glauben, daß es keinen Ausweg aus dieser Falle gibt.

Entscheidungen

Diese Angst kann zu einer völligen Unfähigkeit führen, Entscheidungen zu treffen. Möchte ich ein Toastbrot mit Ei oder mit Käse? Soll ich den blauen oder den grünen Pullover anziehen? (Wenn wir nicht mehr fähig sind, solche Kleinigkeiten zu entscheiden, ist es kein Wunder, wenn uns unsere Familien aufgeben.)

Wahrscheinlich gibt es viele Gründe für diese Unfähigkeit, Entscheidungen zu treffen, aber einer davon ist wohl der von der Angst verursachte Mangel an Glauben an mich selbst. Jede getroffene Entscheidung muß sich als falsch erweisen, weil ich so hoffnungslos bin. Ich ziehe mich unter meine Bettdecke zurück, damit ich keine Entscheidungen zu treffen brauche. Dort kann ich mich einfach nur verstecken und so lange überleben, bis das Schlimmste vorüber ist.

Das Problem ist nur, daß andere uns helfen wollen und deshalb fragen: »Was kann ich für dich tun?« »Möchtest du eine Tasse Tee?« »Soll ich den Fernseher anmachen?« Alle diese Fragen erfordern eine Entscheidung! Ich weiß nicht, was ich antworten soll. Es ist furchtbar. Wenn ich irgend eine Entscheidung treffe, wird etwas ganz Schreckliches passieren, was mein Leben für immer verändern wird.

Wie überstehen wir die Angst?

Eine Möglichkeit ist, auf unsere Strategien für die ganz schlimmen Zeiten zurückzukommen (siehe Kapitel 12). Sie können uns daran erinnern, daß es nicht immer so bleiben wird. Der größte Schrecken der Angst wird vorbeigehen. Sicher, sie wird nicht vollkommen weg sein, aber hin und wieder geht es uns etwas besser. Gut genug jedenfalls, um unter der Bettdecke wieder hervorzukommen.

Eine noch einfachere Methode, die Angst zu überstehen, ist die Einnahme eines Beruhigungsmittels. Inzwischen versuche ich, das nicht zu oft zu machen, und wenn ich Medikamente nehme, ersetze ich die starken Tabletten, die ich von Ärzten verschrieben bekomme (und die manchmal süchtig machen), durch andere aus dem Reformhaus. Das sind milde pflanzliche Präparate, meistens auf Baldrianbasis, die nicht süchtig machen. Ich finde sie sehr wirksam und bekomme niemals dieses Gefühl, unbedingt eine Tablette nehmen zu müssen, um die nächsten zehn Minuten aushalten zu können, wie einem das mit manchen verschriebenen Medikamenten geht. Wahrscheinlich ist Baldrian weniger schädlich, als wenn unser Körper solchen Panikzuständen ausgesetzt ist, so daß fast ständig Adrenalin in unseren Blutkreislauf gepumpt wird, solange wir nicht schlafen und unser Herz zu schnell schlägt.

Auch Kräutertees helfen. Ich mag ihren Geschmack, sie wirken beruhigend, und ich muß etwas tun, um Tee trinken zu können. Manchmal hilft es mir, in die normale Welt zurückzufinden, wenn ich nur den Kessel aufsetze. Ich merke, daß vielleicht doch gar nicht so viele Monster da sind, die mich zerstören wollen.

Entspannungsübungen sind für mich wunderbar. Sie ändern die

126

Geschwindigkeit der Elefantenherde, die durch meinen Bauch galoppiert. Das Problem bei diesen Entspannungsübungen ist jedoch, daß sie, obwohl sie einfach sind, einen gewissen Antrieb erfordern, Konzentration und die Entschlossenheit, selbst die Angst zu bezwingen. Dazu brauchen wir Glauben an uns selbst, den wir nicht immer haben.

Schließlich läßt die Angst ein wenig nach, aber um sie auf Dauer loszuwerden, müssen wir sie verstehen. Irgendwie (meistens mit Hilfe einiger vertrauenswürdiger Freunde oder Therapeuten) müssen wir die Angst Stück für Stück auseinandernehmen und sie lange genug anschauen, bis wir sie verstehen.

Das ist ein langer Prozeß. Ich habe gelernt, mich dabei nicht selbst zu hetzen. Es braucht Zeit.

Die Sorge überwinden: der Sterbebett-Test

Wir machen uns furchtbar viel Sorgen über Dinge. Aber Sorgen haben noch niemals Probleme gelöst oder gebessert – nur verschlimmert. Wenn wir beim Aufstieg an einen überhängenden Felsvorsprung kommen und es unmöglich erscheint weiterzuleben, dann hilft der Sterbebett-Test.

Wir können uns selbst fragen: Werde ich mir darüber auf meinem Sterbebett Sorgen machen?

Spontan würden wir mit »ja« antworten.

Aber wenn wir einige Zeit darüber nachdenken, merken wir vielleicht, daß wir uns am Ende unseres Lebens möglicherweise nicht einmal mehr an das erinnern, was uns jetzt so sehr zusetzt.

Einige Dinge, über die wir uns jetzt Sorgen machen, sind vermutlich doch von großer und bleibender Bedeutung. Aber wenn wir wissen, daß unser Ende naht – wie werden wir dann darüber denken? Sicherlich sind sie dann nicht unser elementarstes Problem.

Ich habe den Sterbebett-Test so oft angewandt, daß ich genau weiß, er funktioniert. Ich habe ihn sogar weiterentwickelt zu der

Frage: »Werde ich mir darüber morgen Sorgen machen?« Wenn ich erkenne, daß die große Sorge des heutigen Tages morgen sehr unbedeutend sein wird, kann ich sie noch am selben Tag loslassen. Inzwischen.

Dies war mein wichtigster Erfolg während der letzten Jahre. Weil ich mein Denken über meine Sorgen verändern konnte, habe ich die Hoffnung, daß sich auch Dinge verändern können.

Der Umgang mit den Sorgen des Tages

◆ Machen Sie eine Liste, was noch zu tun ist.
◆ Setzen Sie sich eine Zeitgrenze für Ihre Sorgen. Das klingt ziemlich dumm, aber es hilft! Ich entscheide mich, wie lange ich mir erlauben werde, mir über etwas Sorgen zu machen. Vielleicht zehn Minuten bei einer Tasse Tee. Wenn die Zeit um ist, breche ich ab und mache etwas, um die Sorgen irgendwie loszuwerden – ich schreibe einen Brief, rufe jemanden an oder schreibe auf, was mir so zusetzt. Dann mach ich etwas anderes.
◆ Machen Sie den Sterbebett-Test.

Mit Angstzuständen fertig werden

Unser Körper macht viel durch, wenn das Adrenalin durch unseren Blutkreislauf zirkuliert und uns sagt, daß alles zu viel ist.

◆ Finden Sie einen Weg, den ganzen Streß in Aktion umzusetzen. Schlagen Sie auf ein Kissen ein oder zerreißen Sie ein (altes) Telefonbuch. Das muß im voraus geplant werden, sonst werden Sie möglicherweise überwältigt, und es wird teuer und gefährlich für Ihre Umgebung.

♦ Erarbeiten Sie sich Techniken zur Entspannung bei Angstzuständen. Wenn ein Angstzustand kommt, wenden Sie diese Techniken an!

♦ Das Folgende entspricht weitgehend den Entspannungsübungen in Kapitel 10, aber es kann auch in Gegenwart anderer praktiziert werden.

1 Atmen Sie tief ein.

2 Spannen Sie die Muskeln an (das ist nicht leicht, wenn andere dabei sind, aber versuchen Sie es unbedingt, machen Sie Fäuste, spannen Sie die Fuß- und Beinmuskulatur an).

3 Entspannen Sie bewußt jeden Muskel.

4 Atmen Sie weiterhin tief ein, bleiben Sie entspannt und schauen Sie der Ursache der Angst geradewegs ins Auge.

♦ Wenn Sie keine Ahnung haben, warum dieser Angstzustand auftrat, versuchen Sie herauszufinden, was los war. Warum kam die Angst gerade jetzt? Wovor habe ich so furchtbare Angst? (Ich erhalte überraschende Antworten.)

♦ Wenn die Strategien gegen die Angst in diesem Moment nicht funktionieren, oder wenn das Leben für Sie so furchtbar ist, daß Sie zu fast nichts in der Lage sind, dann greifen Sie zu Baldrian! Das ist nur eine kurzfristige Lösung, aber es ist für den Augenblick in Ordnung.

Praktische Tips

▷ Schreiben Sie auf, wie sich die Angst anfühlt.

▷ Wann wird sie schlimmer? (Es kann mehrere Wochen dauern, bis man ein klares Bild von der möglichen Ursache der Angst gewinnt.)

▷ Wovor habe ich Angst? (Äußern Sie eine Vermutung. Manchmal geben uns unsere intuitiven Vermutungen einen Anhaltspunkt. Es macht nichts, wenn wir uns in diesem Anfangsstadium irren.)

22

Meine Wut verstehen

*Es ist leicht, leidenschaftlich zu werden – jeder kann das –, aber auf
die richtige Person im richtigen Maße und zur richtigen Zeit und mit
der richtigen Absicht und auf die richtige Art und Weise wütend zu
sein – das ist nicht einfach, und das kann nicht jeder.*

Aristoteles

Wütend zu werden, ist ebenso natürlich, wie müde oder hungrig
oder sexuell erregt zu werden. Wir können nicht viel gegen das Gefühl als solches tun. Es kommt aber darauf an, wie wir damit umgehen und wie wir unser Handeln kontrollieren. Es hat nicht viel
Zweck, wegen solcher Empfindungen Schuldgefühle zu bekommen,
besonders wenn wir offensichtlich so wenig Kontrolle darüber
haben.

Mit unseren Gefühlen und Verletzungen umgehen zu lernen, ist
sehr wichtig, damit wir während unseres Aufstiegs nicht aufgeben.
Das gilt besonders, wenn zu unserer Depression der Versuch gehört,
unsere Angst zu unterdrücken.

Wenn wir anfangen, unsere wirklichen Gefühle zu erkennen und
was hinter unserer Depression steckt, dann geht es mit unserem
Aufstieg voran.

Oft schreie ich Gott wütend an. Ich denke, wenn er allmächtig ist
– wie ich das im Religionsunterricht in der Schule gelernt habe –,
dann kann er mit dem Wutanfall eines Menschen fertig werden. Ich
glaube nicht, daß er denkt: »Du liebe Zeit, diese Sue geht mir vielleicht auf die Nerven.« Ich denke, er findet es viel eher gut, daß ich

wenigstens das Ausmaß der Wut erkenne, die in mir ist, und die dort seit so vielen Jahren unverarbeitet sitzt.

Sie haben ein Recht darauf, wütend zu sein, aber Sie dürfen die Wut nicht gegen sich selbst richten, weil das den Schaden nur verschlimmert, der ohnehin schon entstanden ist. Sie müssen die Wut nach außen richten.   Susan Howatch

Wenn Gott alles über mich weiß, dann weiß er sowieso, daß ich wütende Gedanken habe. Besser, es kommt heraus. Wenn ich mich darüber aufrege, wie er das Leben zu organisieren scheint, dann brülle ich ihm meinen Unmut entgegen. Wenn wir uns die Nachrichten im Fernsehen anschauen und sehen, wie Babys vor Hunger sterben, dann ist es sicherlich verständlich, daß wir Gottes allgemeines Management des Universums in Frage stellen.

Wir erhalten nicht viele Erklärungen für Dürrekatastrophen, Hungersnöte, Vulkanausbrüche, Wirbelstürme und Flutwellen. Gott wird wohl kaum überrascht sein, daß wir manchmal ein wenig ungehalten sind und unsere Faust gen Himmel erheben. Vielmehr glaube ich, er weiß unsere Ehrlichkeit zu schätzen.

Natürlich ärgern wir uns auch über *Menschen*. Damit läßt sich nicht so einfach fertig werden, und es fällt mir gar nicht leicht, darüber zu schreiben.

Bin ich wütend?

Oft haben wir das Problem, daß wir gar nicht merken, wenn wir wütend sind. Keiner von uns findet es angenehm, innerlich zornig zu sein. Es ist sehr beängstigend, besonders wenn die Wut so groß ist, daß sie sogar Mordgedanken miteinschließt. Man hat mir gesagt, es sei ebenso schlimm, jemanden in Gedanken umzubringen, wie in Wirklichkeit. Doch ich glaube, das kann nicht stimmen. Denn im einen Fall ist wirklich hinterher ein Mensch tot, im anderen Fall nicht. Das ist ein großer Unterschied – besonders für die potentielle Leiche.

Wut nicht unkontrolliert herauslassen

Unterdrückte Wut kann ein Ausdruck für unterdrückte Gefühle sein. Ich glaube, es ist am besten, wenn wir sie kontrolliert zum Ausdruck bringen.

Wenn ich kleine Kinder in der Schule unterrichte, ermutige ich sie, auf die großen Kissen in der Leseecke einzuschlagen und mir zu sagen, was sie so wütend gemacht hat. Ich erkläre ihnen, daß es nicht schlimm ist, sich zornig zu fühlen – aber daß es nicht gut ist, deswegen den Andi zu hauen!

Ich bin ziemlich sicher, daß es kein Patentrezept dafür gibt, vergrabene Wut zu erkennen und loszuwerden. Für mich war es hilfreich zu lernen, diese Wut so auszudrücken, daß sie niemanden verletzt. Folgende Methoden haben sich bei mir bewährt:

Gegen eine Wand treten. (Einmal trat ich gegen eine Kunststoffwand, und mein Fuß brach direkt durch die Wand! Prüfen Sie das zuerst.)

Brot backen. Das ganze Kneten und Walken des Teiges hat eine therapeutische Wirkung.

Mit Inbrust den Garten umgraben.

Eine aggressive Sportart betreiben.

Ganz weit weggehen von allen Menschen und laut schreien.

Eine Straße entlangrennen.

Auf ein großes Kissen einschlagen – immer wieder und sehr fest.

Zu sehr lauter Musik tanzen.

Wenn ich in mein Tagebuch einen Brief an Gott schreibe, dann geht es mir hinterher garantiert besser. Wenn ich das nicht tun würde, richtete sich meine Wut gegen meinen Partner oder meine Kinder oder gegen mich selbst auf irgendeine destruktive Weise. Ich bin sicher, Gott kann damit umgehen, und ich glaube, daß es etwas Frohmachendes ist, wenn man so ehrlich ihm gegenüber sein kann.

Zum Nachdenken

▷ Suchen Sie sich eine ruhige Ecke und schreiben Sie eine Liste der Dinge, die Sie wütend machen. Was hat Sie als Kind in Zorn versetzt? Worüber ärgern Sie sich immer noch und sind verbittert? Ihre Liste könnte möglicherweise ungefähr so aussehen:

Ich war sauer, daß mein Vater immer zu beschäftigt war, um mit mir zu spielen.

Meine Mutter hat immer an mir herumgenörgelt. Sie hat mich gezwungen, scheußliche Sachen anzuziehen, und die anderen Kinder haben mich ausgelacht.

Beide wollten, daß ich immer noch mehr leisten sollte. Ich hatte nie das Gefühl, daß sie mit mir zufrieden waren. Wenn ich nicht meine Einsen schrieb, hatte ich schon in ihren Augen versagt.

Sie mochten meinen Bruder lieber als mich.

Ich haßte die Schule.

▷ Schreiben Sie Ihre Kindheitserinnerungen auf, die für Sie immer noch herausragend sind. Was ist Ihre früheste Erinnerung? In welcher Situation hatten Sie am allermeisten Angst? Was macht Sie jetzt wütend?

▷ Es heißt oft, daß die Depression eine nach innen gerichtete Wut ist. Wie können Sie herausfinden, welche Wut in Ihnen stecken könnte? Sie haben folgende Möglichkeiten: Fragen Sie einen Freund oder eine Freundin, zu der oder dem Sie Vertrauen haben, ob sie der Meinung sind, Sie seien innerlich wütend. Machen Sie sich Notizen, was Sie wütend / ängstlich / depressiv macht. Führen Sie ein Traumtagebuch. Gehen Sie davon aus, daß Wut vorhanden ist, obwohl Sie sie nicht sehen können, und treiben Sie eine wilde Sportart wie Squash oder Tennis, oder graben Sie einige Zeit intensiv Ihren Garten um, oder schreien Sie den Mond an und warten Sie, ob sich etwas verändert.

▷ Wut kann auch durch Kreativität ans Tageslicht kommen. Welche kreativen Dinge könnten Sie machen?

Schreiben Sie eine Geschichte.
Zeichnen oder malen Sie eine Szene aus Ihrer Kindheit.
Nehmen Sie abends an einem Töpferkurs teil.
Malen Sie ein Gemälde an die Toilettenwand.
Binden Sie einen Blumenstrauß für Ihre Lieblingsvase.
Schreiben Sie einen längst überfälligen Brief.

Wir müssen nicht Gefangene längst vergangener Ereignisse bleiben. Wir können uns entscheiden, auszubrechen. Niemand braucht das Gefühl zu haben, daß er sein Leben nicht kontrollieren kann. Das stimmt nicht. Schreien Sie Gott ordentlich an – er kann es aushalten!

23

Mit Schuldgefühlen fertig werden

Schuldgefühle drängen immer hin zu ihrem Gegenstück, der Bestrafung: allein darin finden sie Genugtuung.

Lawrence Durrell

In der westlichen Gesellschaft herrscht die Überzeugung, man müsse sich wegen vieler Dinge schuldig fühlen. Wenn wir wirklich jemanden geschädigt haben, sind Schuldgefühle angebracht. Sie veranlassen uns dazu, uns zu entschuldigen und die Sache wieder in Ordnung zu bringen. Aber auch unsere grundlegenden menschlichen Emotionen, die jeder von uns hat, sind von Schuldgefühlen umlagert. Daß wir uns wegen unserer sexuellen Gefühle oder unserer Wut schuldig fühlen, finden wir ebenso logisch, wie uns schuldig zu fühlen, weil wir Durst haben. Doch es ist menschlich, starke sexuelle Gefühle zu haben oder in rasende Wut zu geraten, und es ist in Ordnung, menschlich zu sein.

Wir können uns schuldig fühlen, ohne schuldig zu sein – und wir können schuldig sein, ohne uns schuldig zu fühlen.

Es ist nicht schlimm, sich wütend zu fühlen, aber es ist falsch, den Hund zu treten oder denjenigen umzubringen, auf den wir zornig sind. Es ist nicht falsch, sich sexuell total erregt zu fühlen, aber es ist verkehrt, sofort loszulaufen und mit der erstbesten Bekanntschaft ins Bett zu gehen. Nicht das Gefühl ist falsch, sondern es kommt darauf an, wie wir mit diesem Gefühl umgehen.

Was mir als Kind und Teenager beigebracht worden ist, scheint Schuldgefühle in großen Mengen hervorzubringen. Viele von uns sind durch Schuldgefühle und Frustrationen und die völlige Gleichgültigkeit gegenüber unseren menschlichen Bedürfnissen emotional gelähmt worden. Vielleicht ist das der Grund, warum wir so oft versuchen, unsere Gefühle zu vergraben. Wenn sie unterdrückt werden und wir sie nicht erkennen können, behaupten wir, wir hätten sie unter Kontrolle. Aber das stimmt nicht.

Wenn wir unsere wahre Schuld vergraben, damit wir sie nicht sehen können, ist das so ähnlich, wie wenn man einen wütenden Löwen in einem Sandkasten verscharrt. Schuld können wir nicht tief genug eingraben, um sie loszuwerden. Sie ist eine potentielle Gefahrenquelle. Sie bricht hervor als Depression oder Wut oder Gewalt. Es wäre einfacher gewesen, wir hätten uns der Schuld gestellt, uns entschuldigt und um Vergebung gebeten, auch wenn das grenzenlos schwierig ist.

Falsche Schuldgefühle wird man am besten dadurch los, daß man sie als solche erkennt. Ich bin sicher, daß sehr viele auf das Konto ehrgeiziger Eltern und Lehrer gehen – ich selbst nehme mich da nicht aus!

Eine depressive Frau kann sich schuldig fühlen, weil sie meint, man erwarte von ihr, eine Art übernatürliches Wesen zu sein.

Diese Schuldgefühle und unsere Unfähigkeit, unseren eigenen hohen Maßstäben gerecht zu werden, können uns umbringen.

Heute morgen stand in unserer Tageszeitung eine herzzerbrechende Geschichte von einer Frau, die erst ihre beiden Kinder und dann sich selbst umgebracht hat. Als sich das ganze Dorf in der Kirche versammelte, um Kerzen anzuzünden und zu beten, weinten alle vor Trauer um diese Frau, die sie als perfekte Mutter von sehr netten Kindern beschrieben.

Die Geschichte geht weiter und wird immer unverständlicher durch Berichte über den liebevollen Ehemann, ihre gemeinsame engagierte Teilnahme am öffentlichen Leben und den Respekt, den sie in ihrer Umgebung genossen. Ganz am Schluß kommen ein paar aufschlußreiche Hinweise, als ihr Schwiegervater erklärt, sie sei in letzter Zeit depressiv gewesen und hätte das Gefühl gehabt, als Mutter versagt zu haben.

Schuldgefühle sind tödlich. Wahre Schuld kann überwunden werden, indem man sie eingesteht und Vergebung empfängt. Falsche Schuldgefühle müssen als solche entlarvt werden.

24

Wie ich mich selbst einschätze

»Was würden Sie gerne an sich selbst verändern?«
»Oh, die Haare, die Augen, die Nasenform, die Lippen, die Hautfarbe – eigentlich alles.«

Eine Frau in einem BBC-Interview

Es gibt in den Geschäften in unserer Stadt Produkte, damit wir abnehmen, zunehmen oder gesünder werden; die unser Haar dunkler oder heller färben, lockiger machen oder weniger grau; die unsere Backen röten, die Fingernägel festigen und die Haut zarter machen. Erzeugnisse, die Hautflecken und Runzeln überdecken und Zellulitis reduzieren. Schuhe, in denen wir größer erscheinen. Kleider, in denen wir schlanker aussehen. Egal welchen Teil unseres Körpers wir nicht mögen oder gerne anders hätten, es gibt für alles ein Mittel.

Das verstärkt aber nur unsere Unzufriedenheit mit uns selbst. »So, wie ich bin, bin ich nicht gut genug.« »Wenn ich dies oder das nicht habe, werde ich nicht akzeptiert.« »Ich muß auf dem neuesten Stand sein.« »Ich muß tun, was alle anderen auch machen.« »Ich muß mein wahres Selbst verbergen.« »Ich muß immer gut aussehen.«

Die Produkte sind an sich nicht verkehrt. Es ist völlig in Ordnung, sauberes und glänzendes Haar zu haben und Parfüm zu benutzen (vorausgesetzt, daß bei seiner Herstellung kein Tier leiden mußte). Aber es ist eine Art Fluch, daß in westlichen Gesellschaften mehr Geld im Jahr für Kosmetika ausgegeben wird als für Entwicklungshilfe.

♦ Werde ich wirklich auf der Party nur akzeptiert, wenn ich Make-up oder neue, moderne Kleidung trage?

♦ Gehöre ich nur dazu, wenn ich in diesem Jahr eine bestimmte Farbe trage, wenn ich ein bestimmtes Getränk bevorzuge, wenn ich das neueste Automodell fahre, und wenn ich an die »richtigen« Orte in Urlaub fahre?

♦ Ist mein Leben wirklich besser, weil ich ein elektrisches Tranchiermesser / eine Schlagbohrmaschine / doppelte Fensterverglasung / einen Entsafter / einen CD-Player / die richtige Jeansmarke besitze? Oder denke ich, daß diese Dinge meinen Wert als Person erhöhen? Daß ich so besser bin? Daß ich eher akzeptiert werde?

Wir empfangen in unserer Gesellschaft Botschaften, die uns vermitteln, wir seien nicht gut genug.

Einige kennen das schon aus ihrer Kindheit. Lehrer, Eltern, Brüder und Schwestern sagten uns, wir seien nicht gut genug. Wir erfüllten nicht ihre Maßstäbe. Wir seien häßlich. Ungewollt. Dumm.

Diese Aussagen über uns selbst glauben wir mit der Zeit. Dadurch entwickeln wir ein mangelndes Selbstwertgefühl. Wir lieben uns selbst nicht mehr richtig. Das macht uns depressiv, darum müssen wir uns damit etwas eingehender befassen.

25

Stärkung meines Selbstwertgefühls

Die Erlösung des Menschen geschieht durch Liebe und in Liebe.
Viktor Frankl

Am Ende meiner Teenagerzeit, als mir langsam dämmerte, wie schrecklich das Leben sein kann, fing ich an, mich mit dem Christentum zu beschäftigen. Das Leben schien mir unerträglich ohne Religion. Ob es mit ihr wohl angenehmer wäre?

Ich ging in eine dieser Gemeinden, deren Theologie nicht zimperlich ist. Wissen Sie, was ich meine? Dort hinzugehen ist ähnlich, wie dieses sehr grobe Müsli aus Gesundheitsläden zu essen. Es macht soviel Arbeit, sich da durchzubeißen und durchzukauen, daß man die

Mühe bloß darum auf sich nimmt, weil man irgendwelche guten Auswirkungen erwartet.

So war es auch mit dieser Gemeinde. Ich wußte, es würde mir irgendwie guttun – und sei es auch nur wegen der netten und freundlichen Menschen, die es dort gab –, aber all das zu schlucken, war harte Arbeit.

Dort schien man sich besonders auf die Suche mit den »Würmern« spezialisiert zu haben. Der Pastor forderte uns gezielt dazu auf, zu glauben: »Ich bin ein Wurm und kein Mensch.«

Vollkommen böse?

Als ich einmal den Pastor danach fragte, fand ich heraus, daß ein »Wurm« zu sein bedeutet, gesündigt zu haben. Hmm. Das machte es so klar wie dicke Tinte. Mehr Erleuchtung wurde mir jedoch eines Abends in einer Jugendstunde zuteil, als er über die »Erbsünde« sprach. Er sagte, wir seien unserer Natur nach vollkommen böse.

Nachdem ich ungefähr ein Jahr lang dieses verwirrende Zeug geschluckt hatte, begriff ich einigermaßen, worum es ging. Ich hatte gelernt, daß ich ungewollt, ungeliebt, nutzlos, im Wege, häßlich und von Anfang an eine Nervensäge war, und das mit dem »Wurm« paßte prima dazu.

Schließlich hatte ich das Gefühl, die Welt nun richtig verstanden zu haben. Ich war böse, schlecht, schuldig und ungeliebt. Die Botschaft verschlimmerte meine Depression!

Viele Menschen können ihr Gefühl, völlig wertlos zu sein, auf solche Botschaften zurückführen, die sie als Kinder und junge Erwachsene empfangen haben.

Mit achtzehn Jahren dachte ich, ich hätte das Leben begriffen. Aber bei allem, was ich tat, fühlte ich mich völlig hoffnungslos. Die depressiven Gefühle waren offenbar alles, was ich verdient hatte. Ich lernte zu sagen: »Gott, sei mir Sünder gnädig«, aber ich kam nie darüber hinaus. Ich siebte alles, was ich auf der Welt wahrnahm, durch mein »Wurmsieb«.

Wahrscheinlich sagte der Pastor dieser Gemeinde auch andere, hoffnungsvollere Dinge. Aber sie kamen nie bei mir an.

Inzwischen erkenne ich, daß meine Lehrer, die ich so gern mochte, versucht haben, mir andere Dinge zu sagen. Aber ich siebte alles aus, was nicht mit meiner Sicht übereinstimmte, daß ich eine hoffnungslose und unbrauchbare Person sei. Es hat viele Jahre gedauert, bis mein »Wurmsieb« nicht mehr arbeitete. (Ich glaube, manchmal arbeitet es immer noch.) Ich konnte nur Botschaften über meine eigene Wertlosigkeit empfangen.

Es gibt viele Dinge, die einen zu der Überzeugung bringen können, man sei nicht viel wert:

Eltern, die zu beschäftigt sind.

Der Platz in der Geschwisterfolge. »Als Ältester bekam ich immer die Schuld.« »Als Jüngste konnte ich nie, was die anderen konnten.«

Mißbrauch, sowohl auf körperlicher als auch auf emotionaler Ebene, durch ein Mitglied der Familie oder einen nahen Freund.

Wechselhafte Kindheit – ständiges Umziehen oder keine engen Beziehungen.

Alles, was als Ablehnung aufgefaßt wurde: »Ich war es nicht wert, geliebt zu werden.«

Das Fehlen von Lob und Anerkennung in der Kindheit.

Mein Selbstwertgefühl verändern

Es ist schwer zu verändern, wie wir uns selbst sehen. Außerordentlich schwer. Der erste Schritt ist, das Problem zu erkennen. Viele depressiven Menschen erkennen nicht, daß sie eine abwertende Meinung über sich selbst haben, und welche Macht dieses Denken wiederum auf ihr Leben hat. Wenn wir erst einmal erkannt haben, wie wir über uns selbst denken (und das ist nicht einfach), dann sind wir auf dem richtigen Weg.

Weiter tritt das Problem auf, daß ich mich am Rand einer Schlucht befinde, wenn ich denke, ich sei hoffnungslos, nutzlos, häßlich und ungewollt. Bücher von Psychologen und Psychiatern vermitteln uns: Wenn wir nur auf der anderen Seite der Schlucht wären (indem wir an uns glauben, das Bestmögliche aus uns machen, unseren großen Wert anerkennen und so weiter), dann ginge es uns besser, und unsere Depression würde verschwinden.

Hmm.

Ich erinnere mich, daß ich vor einiger Zeit bei einem Ferienaufenthalt an der wunderschönen Mittelmeerküste ein Buch gelesen habe mit dem Titel: »Feeling Good« (»*Sich gut fühlen*«). Es erklärt, daß ich auf die andere Seite der Schlucht gelangen müsse. Es enthält Geschichten von Menschen, die erkannt hatten, daß sie ihre Sicht über sich selbst verändern müßten. Daraufhin veränderten sie sich und verließen das Behandlungszimmer frei von Depressionen.

Das kam mir alles etwas unwahrscheinlich vor. Ich fühlte mich danach noch depressiver. (»Andere können einfach so frei werden von ihren Depressionen, aber ich kann es nicht, weil ich ein hoffnungsloser Fall bin.«)

Es stand nämlich nicht drin, wie man von der einen auf die andere Seite kommt.

 ## Wie kann ich meine Sicht über mich selbst verändern?

Ich erinnere mich, daß ich mich bei der Lektüre dieses Buches unheimlich verstört und mit der ganzen Welt im Widerstreit fühlte. Ich habe es nie zu Ende gelesen.

Es war so, als ob ich mich an der Felswand ein großes Stück hinaufgekämpft hatte, und plötzlich sagte mir jemand, nur wenn ich auf der anderen Seite dieser riesigen Felswand wäre, könnte ich den Aufstieg vollenden. Doch die andere Seite war unerreichbar. Es gab keine Brücke. Es gab niemanden, der mir hinüberhelfen könnte. Es gab keine Seile. Ich steckte einfach auf der einen Seite und wußte, daß ich auf die andere mußte.

Wenn ich glaube, ich sei hoffnungslos und wertlos – wie kann ich denn das bloß verändern? Wie kann irgend jemand verändern, was er seit seiner Geburt über sich selbst geglaubt hat?

Moment mal. Habe ich wirklich geglaubt, ich sei hoffnungslos und wertlos, als ich geboren wurde? Babys denken so doch nicht, oder?

Wie kommen wir von einer Seite auf die andere?

Vor kurzem hat mir jemand auf sehr hilfreiche Weise demonstriert, wie wir uns selbst sehen. Die Anfangsbuchstaben sind SBS. Damit müssen wir unsere alten Vorstellungen von unserer Wertlosigkeit ersetzen. Wir müssen neue Vorstellungen entwickeln, um von der einen Seite der Felswand auf die andere zu gelangen. Es sind:

Sicherheit,
Bedeutung,
Selbstwert.

Depression bedeutet ein Mangel an SBS. Fühlt man sich

unsicher,
unbedeutend,
wertlos,

dann kommt die Depression wahrscheinlich unabwendbar.

An SBS kann man auf kreative Weise arbeiten – durch Schreiben, Gartenarbeit, etwas für die Wohnung basteln und so weiter. Es ist ein langsamer und schmerzhafter Prozeß. Aber in kreativer Beschäftigung und in Beziehungen zu anderen entdecken wir, daß wir wertvoll sind, überaus wertvoll. Das einzige, was mein Wurmsieb und die Backsteinmauer, die ich um mich selbst gebaut hatte, zu durchdringen schien, waren Menschen, die mich liebten und bereit waren, neben mir zu sitzen und meine Hand zu halten.

- ◆ Ratschläge bringen nichts.
- ◆ Die Aufforderung, wir sollten uns zusammenreißen, ist schlecht.
- ◆ Alle Aktivitäten auf der Welt können ein klein wenig sanfte, liebende Fürsorge, etwas menschliche Wärme und eine Umarmung nicht ersetzen.

Durch Aktivitäten kann uns bewußt werden, auf welche Weise wir falsch denken. Sie können uns zeigen, was wir tun müssen. Sie können uns ein Stück Wahrheit offenbaren. Sie können uns helfen, uns selbst auf neue Arten zu begegnen. Aber sie können niemals die Liebe ersetzen.

Wir sehen Liebe im Gesicht eines kleinen Kindes, in einer Geste der Freundlichkeit, in der wunderbaren Schönheit der Rocky Mountains und im Lächeln eines Nachbarn, der uns in einfacher, praktischer Freundschaft begegnet.

Entscheidend für meinen eigenen Aufstieg aus der Depression war die Fürsorge eines Menschen, der mir zuhörte, die Fürsorge anderer, die für mich beteten, aber auch die Fürsorge einer Freundin, die neben mir saß und meine Hand hielt. Sie machte Vorschläge, gemeinsam etwas Lustiges zu unternehmen, sie kochte uns etwas zu essen, und wir lachten viel miteinander. Wenn ich jetzt zurückschaue, dann war das Bedeutungsvollste von allem, daß sie einfach meine Freundin war, wenn es mir schwerfiel, weiterzugehen.

Egal, wie sehr unsere *höchst bedeutungsvollen Ursachen* (die Dinge, die wir über unsere Welt glauben und die uns in der Depression festhalten) unsere Welt als eine liebesfreie Zone definiert haben – es gibt dort *doch* Liebe. Das ist eine andere große Wahrheit des Lebens. Liebe existiert. Vielleicht spüren wir sie im Augenblick nicht, aber das ist kein Beweis dafür, daß es sie nicht gibt.

Selbst wenn wir keine menschliche Liebe erfahren – Tatsache ist, daß Gott uns liebt. Dennoch ist es ohne menschliche Liebe fast unmöglich zu glauben, daß es irgendeine Liebe gibt. Es scheint, daß Gott uns seine Liebe meistens durch Menschen oder Dinge vermittelt. Ich habe viele Jahre gebraucht, um sehen zu können, daß es tatsächlich Liebe gibt.

Wenn wir uns am Fuß der Felswand befinden, sagen wir: »Das ist alles Quatsch.« Es kann Jahre dauern, bis dieses Wissen dazu führt, daß wir erkennen: Wir haben Bedeutung und sind »schöne Menschen«.

Ich habe gemerkt, wie ich anfing, an mich zu glauben. Ich habe gemerkt, wie sich mein Selbstwertgefühl verändert hat. Ich fing an zu glauben, daß ich wertgeschätzt und geliebt wurde.

▬ Praktische Tips

▷ In welchem Maße sind Sicherheit, Bedeutung und Selbstwert in dem, wie Sie sich selber sehen?

▷ Schlagen Sie noch einmal die Liste in Kapitel 18 auf. Wenn Sie einige solcher Listen ausgefüllt haben, werden Sie anfangen, manche Mechanismen zu erkennen, die Sie in der Depression festhalten. Hier sind einige der Glaubenssätze aufgeführt, die Sie vielleicht bei sich selbst entdecken:

Ich muß alles perfekt machen.

Jeder muß mir deutlich zeigen, daß er mich ständig anerkennt.

Ich muß beweisen durch das, was ich tue, daß ich eine wertvolle Person bin.

Jede Kritik bestätigt, daß ich überhaupt nichts kann.

Ich bin nur ein wertvoller Mensch, wenn ich eindeutig erkenne, daß mich jemand liebt.

Es muß auf der Welt gerecht zugehen, darum sollte mir so etwas nicht widerfahren.

Dieses unrealistische Denken zu ändern, wird unser Selbstwertgefühl steigern und uns helfen, die eine Sammlung Glaubenssätze über uns selbst gegen eine andere, positivere auszutauschen.

Siehe *das »gutgenug«-Prinzip* in Kapitel 9.

26

Die Verluste in meinem Leben

Selig seid ihr, die ihr jetzt weint; denn ihr werdet lachen.

Jesus im Lukasevangelium 6,21

Die Erfahrung der Depression hängt fast immer mit irgendeinem Verlust zusammen. Ich meine nicht den Verlust eines Wertgegenstandes, eines kostbaren Schmuckstücks oder so etwas, obwohl das eine furchtbare Erfahrung sein kann. Ich meine den Verlust eines Teiles unserer Person.

Sie werden begreifen, was ich meine, wenn schon jemals bei Ihnen eingebrochen wurde. Das Problem sind nicht so sehr die Dinge, die mitgenommen wurden, sondern die Tatsache, daß jemand in Ihrer Wohnung war. Ihre ganzen Schränke wurden durchwühlt – sogar in der Schublade, wo Sie Ihre ganz persönlichen Dinge aufbewahren, hat jemand gekramt. Man hat in Ihrem Zimmer gestanden. Es ist auf eine bestimmte Weise geschändet worden, die Sie ganz tief persönlich trifft und die doch schwer zu erklären ist.

Vielleicht hat es etwas zu tun mit dem Verlust der Privatsphäre, des Gefühls der Sicherheit, des Gefühls, einen Ort zu haben, der uns allein gehört und unsere Persönlichkeit zum Ausdruck bringt.

Daß jemand dort stand, den wir nicht eingeladen haben, ist

ein traumatisches Ereignis. Diese Art Verlust erleben wir in der Depression.

Es ist sehr hilfreich, eine Liste dieser Verlust-Erfahrungen zu machen, wenn wir den Aufstieg aus der Depression in Angriff nehmen wollen. Ich persönlich fand das sehr schwierig. Aber als die Liste – nach Monaten – fertig war, merkte ich, daß sie ihren Schrecken verlor.

Auch das zeigt wieder: Wenn wir die Ursachen unserer Depression erkennen, können wir anfangen, sie zu verstehen, um sie schließlich zu überwinden.

Man unterscheidet vier Verlust-Empfindungen. Wir sollten möglichst versuchen, sie zu identifizieren, und lernen, mit ihnen umzugehen.

◆ »Körperlicher« Verlust. Der reale und greifbare Verlust von etwas Physischem.
  Der Tod eines geliebten Menschen.
  Wegzug eines Menschen, mit dem wir viel gemeinsam unternommen haben.
  Der Verlust eines Gegenstands von großem persönlichen Wert wie ein Familienerbstück, ein kostbares Foto oder ein Adreß- oder Tagebuch.
  Auszug aus einem Haus, das wir lieben.

◆ Seelischer Verlust. Bei diesem Verlust geht es nicht um tatsächliche Objekte, sondern mehr um unser inneres Leben:
  Verlust an Liebe bei einer Trennung.
  Verlust an Selbstwertgefühl durch scharfe Kritik.
  Verlust an Selbstwertgefühl und Ehrgeiz, wenn eine Beförderung verweigert wird, oder bei offensichtlichem Versagen.
  Verlust des Gefühls, gebraucht zu werden, wenn die Kinder aus dem Haus gehen und das Nest leer ist.
  Verlust des regelmäßigen Tagesablaufs und vielleicht des Lebenssinns nach der Pensionierung.

Weil diese seelischen Verluste nicht unmittelbar sichtbar sind, können sie meiner Erfahrung nach eine unglaubliche Macht haben. Wir sollten alles daran setzen, sie zu erkennen. Als ich meinen Mangel an Selbstwertgefühl erkannt hatte, konnte ich etwas dagegen tun. Solange er unerkannt blieb, hat er mich bei allem belastet, was ich tat.

◆ Eingebildeter Verlust. Eine sehr wirksame Art, weil sie schwer zu identifizieren ist. Es sind die Verluste, die wir in unserem Verstand ausbrüten und die tief in unserem falschen Denken verwurzelt sind:

> *»Und wieder habe ich versagt. Das beweist doch, daß ich nichts wert bin.«*
>
> *»Keiner hat mich lieb.«*
>
> *»Alle sind gegen mich.«*
>
> *»Ich bleibe immer ein Versager.«*
>
> *»Es wäre für alle besser, wenn ich tot wäre.«*
>
> *»Ich komme mit dem Leben so nicht zurecht, und ich kann nichts dagegen machen.«*

Solche Gedanken sind das Herzstück der mächtigen psychologischen Faktoren einer Depression. Wir müssen lernen, uns gegen das »negative Denken« aktiv zu wehren, indem wir Sachverhalte prüfen und testen. (Nur weil sie mich nicht angelächelt hat, heißt das nicht, daß sie mich nicht leiden kann.) Wir fangen an zu erkennen, was diese eingebildeten Verluste sind, wenn wir bereit sind, auf die Schmerzen zu hören, die sie auslösen. Was sagen sie mir?

Ich habe gemerkt, daß eingebildete Verluste mein Denken beherrschten. Es war unglaublich schwierig, diese Gedanken zu identifizieren und mich gegen sie zu wehren. Das zu lernen, ist eine der Hauptstrategien gewesen, an denen ich mich festhalten konnte.

◆ Drohender Verlust. Diese vierte Kategorie ist die Angst vor der Zukunft – die Sorge vor dem, was kommen könnte:

Tod des Partners oder eines Kindes.
Verlust des Arbeitsplatzes.
Verlust des Obdachs, des guten Rufs, der Karriere, der Gesundheit und so weiter.

Diese potentiellen Verluste können sehr viel stärker wirken als der tatsächliche Verlust, wenn er einträte. Wenn mein Partner stürbe, während ich dreißig Jahre alt bin, wäre ich mit fünfunddreißig wohl mehr oder weniger fähig, ohne ihn zurechtzukommen. Aber wenn ich ab dreißig in der ständigen Furcht vor seinem Tod leben würde, ginge es mir auch mit fünfzig und danach ernsthaft schlecht, obwohl er immer noch lebte.

Wir müssen uns unsere Sorgen sorgfältig anschauen, um zu erkennen, ob wir den befürchteten Verlust nicht doch überleben würden.

Praktische Tips

▷ Versuchen Sie eine Liste Ihrer Verluste zu machen. Benutzen Sie die vier Kategorien in diesem Kapitel, damit Sie so viele Verluste wie möglich herausfinden.

> *Gott gebe mir die Gelassenheit, Dinge hinzunehmen, die ich nicht ändern kann; den Mut, Dinge zu ändern, die ich ändern kann; und die Weisheit, das eine vom anderen zu unterscheiden.*

27

Streß

Übermäßig viel Streß oder unbewältigter Streß kann große Schwierigkeiten mit sich bringen, aber ganz ohne ihn könnten wir gar nicht auskommen.

Wanda Nash

Es ist wahrscheinlich ziemlich klar, daß einige Dinge mit Streß verbunden sind, die uns bei unserem Aufstieg zustoßen. Umgekehrt kann dieser Streß zur Depression führen. Uns wird alles zuviel, darum gibt unser Körper auf.

Wenn Sie heiraten, in eine neue Stadt umziehen, eine neue Arbeit anfangen, versuchen, neue Freunde zu finden, aber Ihre alten Freunde verzweifelt vermissen, ein großes Darlehen in Anspruch genommen haben, um ein neues Haus zu kaufen, und dann merken, daß Ihnen die neue Arbeit nicht gefällt, dann wäre es ziemlich verwunderlich, wenn Sie die Umstände nicht überwältigten.

Durch ein großes Ereignis wie einen Trauerfall kann sich bei uns das Gefühl einschleichen, wir seien von der Außenwelt abgeschnitten, allein und voller Angst.

Etwas anderes scheint vielleicht nebensächlich zu sein, beunruhigt uns aber zutiefst. Wir wagen nicht, uns einzugestehen, wie sehr es uns belastet. Es ist uns peinlich, und wir haben Schuldgefühle. Viele verschiedene Ereignisse können zu Streßfaktoren werden.

Streßfaktoren

Es gibt viele Tabellen, die die Ereignisse auflisten, die in uns Streß verursachen. Ich habe die Abwandlung einer Liste der Medizinischen Hochschule in Washington benutzt.

Sie beginnt mit den Lebensereignissen, die wahrscheinlich den größten Streß verursachen. Aber denken Sie daran, daß jeder anders ist. Was der eine als unbedeutend empfindet, kann ein anderer als Trauma erleben.

Die Liste soll uns zeigen: Wenn wir *mehr als einen* größeren Streßfaktor im Laufe eines Jahres erleben (die Ereignisse am Anfang der Liste), wird es sehr wahrscheinlich in irgendeiner Form unangenehme Folgen haben. Zwei Ereignisse aus dem Anfangsbereich der Liste innerhalb von zwölf Monaten führen zu bedrohlichem Streß.

Obwohl einige Stichwörter am Ende der Liste harmlos aussehen, können sie unter bestimmten Bedingungen das Faß zum Überlaufen bringen. Es war alles schon schlimm genug, ließ sich aber gerade noch verkraften; doch der Gedanke, daß Weihnachten kommt und wir all die Vorbereitungen treffen müssen, das ist zuviel! Wir wollen es in diesem Jahr ausfallen lassen. Wir spüren, wie Schuldgefühle aufkommen. Es ist uns peinlich, unsere Gefühle mitzuteilen.

Tatsache ist, daß jede Art von Veränderung in uns ein Gefühl der Orientierungslosigkeit auslösen kann, selbst wenn wir die Veränderung an sich für eine gute Sache halten, wie zum Beispiel eine Versöhnung oder ein langer Urlaub.

Jede Veränderung verursacht Streß. In der folgenden Liste befinden sich am Anfang die Ereignisse, die höchstwahrscheinlich am meisten Streß auslösen.

Wenn zum Beispiel für einen Menschen zwei der ersten acht Ereignisse innerhalb eines Jahres zusammenkommen, kann das den Betroffenen in eine tiefgreifende Krise führen:

Tod des Partners,
Scheidung,

Umzug,
Trennung vom Partner,
Verurteilung zu einer Gefängnisstrafe,
Tod eines nahen Familienmitglieds,
schwere Krankheit oder Verletzung,
Tod eines nahen Freundes,
Heirat,
Verlust des Arbeitsplatzes,
Versöhnung mit dem Partner,
Pensionierung,
Gesundheitliche Schwierigkeiten eines nahen Familienmitglieds,
Schwangerschaft,
sexuelle Probleme,
eine größere Veränderung am Arbeitsplatz,
Veränderung der finanziellen Situation,
Veränderung der Art der Arbeit,
Zunahme von Streit innerhalb der Ehe,
Schulden machen,
Umstrukturierung der Verantwortung am Arbeitsplatz,
ein Kind verläßt das Haus,
Probleme mit den Schwiegereltern,
eine besondere Leistung vollbracht haben,
der Partner fängt an oder hört auf zu arbeiten,
Schul- oder Studiumbeginn,
Veränderung der Lebensbedingungen,
Veränderung persönlicher Gewohnheiten,
Schwierigkeiten mit dem Arbeitgeber,
Veränderung der Arbeitszeit,
Schul- oder Universitätswechsel,
Veränderung der Freizeitgewohnheiten,
Veränderung der kirchlichen oder sozialen Aktivitäten,
Urlaub,
Weihnachten,
kleinerer Gesetzesbruch.

Die individuellen Reaktionen auf Ereignisse in dieser Liste können beträchtlich voneinander abweichen. Wenn zum Beispiel in Ihrer Kindheit Weihnachten immer ein schreckliches Ereignis für Sie war, dann kommt in Ihrer Magengrube eine bohrende Angst auf, sobald Sie die ersten Dekorationen erblicken (manchmal fängt das schon im August an). Wenn Weihnachten früher entsetzlich war, dann wird auch jetzt, wenn Sie alleine leben, wieder dasselbe Schmerzgefühl auftreten. Daher wird Weihnachten bei manchen Menschen möglicherweise mehr am Anfang ihrer persönlichen Streßfaktorenliste stehen als bei anderen.

Wichtig bei der Liste ist, daß sie uns auf die Realität unserer momentanen Lebensumstände aufmerksam machen kann. Depressionen müssen nicht zwangsläufig die Folge sein, aber Zeichen von Unbehagen werden vorhanden sein und sollten beachtet, überdacht und gehört werden, und es sollten entsprechende Maßnahmen ergriffen werden. (Mehr Ruhepausen einplanen, zum Beispiel.)

Wenn Ihr Leben sehr stressig gewesen ist, müssen Sie realistisch sein. Sie werden sich von manchen Dingen viel schneller erholen, wenn Sie lernen, nett zu sich selbst zu sein.

Wenn ich erkenne, daß ich in den vergangenen Monaten mehr als meinen gerechten Anteil an Streßfaktoren zu verdauen hatte, kann ich massiv daran arbeiten, daß mich der Streß nicht herunterzieht in die Depression. *Nur wenn wir den Streß nicht sehen oder zugeben, geraten wir in Schwierigkeiten.*

Auf der anderen Seite sollte aber auch der Schluß vermieden werden: Weil uns im letzten Jahr drei größere Streßfaktoren widerfahren sind, hätten wir nun die Erlaubnis, depressiv zu werden!

Manches ist vielleicht leichter, wenn Sie es mit Ihrer Familie durchsprechen: »Weißt du, es tut mir leid, daß ich manchmal etwas ungehalten bin. Es ist in letzter Zeit alles etwas viel gewesen, und ich bin ziemlich am Kämpfen. Ich werde versuchen, damit fertig zu werden.«

Nicht gut ist dieses völlig selbstzentrierte Schlechte-Laune-Verhalten, das erwartet, daß sich die Welt nur um uns und unsere Probleme dreht. Ich weiß, daß ich manchmal so gewesen bin. Etwas an der Depression macht uns egoistisch und weckt Selbstschutzmechanismen. Manchmal ist das gut.

Aber es ist ein großer Unterschied, ob wir irgendeinen Bereich unseres Lebens geändert haben wollen (wie unsere Rolle im Haushalt oder am Arbeitsplatz), oder ob wir ein so selbstzentriertes Verhalten an den Tag legen, daß wir uns zum Zentrum des Universums erheben. Wir müssen uns bemühen, zu sehen, ob wir so sind, und uns selbst Einhalt gebieten.

Zum Nachdenken

▷ Bewerten Sie Ihre eigenen Streßfaktoren der letzten ein bis zwei Jahre.

▷ Es könnte sein, daß Sie Ereignisse belastet haben, die nicht auf der Liste stehen.

▷ Schreiben Sie einige Dinge auf, die Sie beeinflussen und verändern können, und wie Sie auf etwas reagieren wollen.

▷ Schreiben Sie etwas auf, was Sie nicht beeinflussen oder verändern können, wie ein Todesfall oder den Verlust eines Arbeitsplatzes. Manche Depressionen können daher kommen, daß wir versuchen, Dinge zu verändern, oder daß wir uns weigern, Dinge anzunehmen, auf die wir überhaupt keinen Einfluß haben.

Praktische Tips

Eine wichtige Hilfe im Umgang mit Streß ist die Erstellung einer Liste der noch zu erledigenden Dinge:

▷ Ordnen Sie die Punkte nach Prioritäten – was muß ich heute schaffen und was hat Zeit bis morgen?

▷ Stecken Sie sich Ziele.

▷ Tun Sie heute, was Sie können, anstatt sich Sorgen zu machen über all das, was noch zu tun ist.

28

Ängste

Gott weint mit uns, damit wir vielleicht eines Tages mit ihm lachen werden.
                                                        Jürgen Moltmann

Ganz »normal« weiterzuleben, ist ein großer Druck für einen depressiven Menschen. Es ist entsetzlich peinlich, wenn man eine Verabredung absagen oder sich am Arbeitsplatz für eine Woche krank melden muß, weil man unter Depressionen leidet. Oft verstehen es die Leute einfach nicht.

Einige meiner extrovertierteren Bekannten, die depressiv sind, finden diesen Aspekt für sich nicht ganz so schwierig. Sie holen sich ihre Energie durch das Zusammensein mit anderen, und es geht ihnen tatsächlich besser, wenn sie Menschen treffen. Für diejenigen von uns, die mehr introvertiert sind (die nur überleben und gedeihen, wenn sie Zeit für sich alleine haben), ist das soziale Leben eine ständige Quälerei.

Für dieses Problem habe ich in den Zeiten, wo es mir richtig schlecht ging, nie eine wirkliche Lösung gefunden. Ich wollte den ganzen Tag mit keinem Menschen reden müssen außer mit meinen unmittelbaren Familienmitgliedern (und ich brauchte auch lange Pausen von ihnen). Ich wollte nicht in ein Geschäft, um Milch und Brot einzukaufen. Ich wollte nicht hinübergehen zu Freunden, die uns eingeladen hatten. Ich wollte nicht zur Arbeit gehen. Auf gar keinen Fall wollte ich irgendwo hingehen, wo es laut war und wo ich von Menschen umgeben sein würde.

Kein Wunder, daß meine offensichtliche Unfreundlichkeit und Ungeselligkeit mißverstanden wurde. Dies ist nur eine der vielen Schwierigkeiten, die Depressionen mit sich bringen, und man kann wirklich kaum etwas dagegen machen. Wir können versuchen, es guten und einfühlsamen Freunden zu erklären, aber wir gehen ein großes Risiko ein, allein wenn wir unseren Mund öffnen.

Mit Phobien fertig werden

Es ist harte Arbeit zu versuchen, die häufig mit Depressionen einhergehenden Phobien zu überwinden. Andere haben oft kein Verständnis dafür, und vielleicht sehen wir sogar selbst, wie vollkommen irrational sie sind, so daß wir uns richtig »dämlich« fühlen. Unser Selbstwertgefühl bekommt einen kräftigen Dämpfer. Wenn ich es nicht schaffe, mein Baby im Buggy in einen Supermarkt mitzunehmen, dann muß ich doch verrückt sein! Was befürchte ich denn, was passieren könnte, wenn ich aus dem Haus gehe?

Hier ist einiges, was unser Leben während der Depression kompliziert macht:

Bestimmte Plätze,
Menschenmengen,
Höhen oder geschlossene Räume,
bestimmte Umstände wie Übelkeit, die Begegnung mit einer Spinne oder der Aufenthalt in einem Raum, in dem Leute essen, verlassen werden und allein gelassen werden,
Sex.

Es gibt noch wesentlich mehr. Eine Phobie kann sich auf alles beziehen – angefangen bei der schmutzigen Babywindel bis hin zu Geldautomaten.

Was ist eine Phobie?

Eine Phobie ist eine irrationale Angst. Es ist ähnlich, wie wenn man Angstzustände hat, aber die Phobie bezieht sich immer auf etwas ganz Bestimmtes, was wir identifizieren können. (Anders als bei einem Angstzustand, wo uns nicht immer bewußt ist, was ihn auslöst.) Die Symptome sind gleich – überwältigende Gefühle von Panik, Verlust der Beherrschung, Übelkeit, Zittern, Schwindel, Atemnot, Herzklopfen, feuchte Handflächen, das Bedürfnis, zur Toilette zu gehen, und ein Zittern oder eine Schwäche in den Gliedern.

Phobien kommen in allen Schichten, Bildungs- und Einkommensgruppen vor, und die meisten Ängste – mit Ausnahme der Tierphobien – scheinen im jungen Erwachsenenalter zu entstehen. Mehr Frauen als Männer sind betroffen, und sie sind häufiger bei sensiblen oder sehr intelligenten Menschen anzutreffen.

(Aus einem Flugblatt einer Selbsthilfegruppe)

Ängste wie die vor Spinnen oder Schlangen sind sehr verbreitet, aber ebenso auch:

Platzangst (eine Angst, allein über freie Plätze oder Straßen zu gehen),

Klaustrophobie (die Angst vor einem Aufenthalt in geschlossenen Räumen),

soziale Phobien (Furcht bei sozialen Kontakten).

Oft treten bei Menschen mehrere Phobien gleichzeitig auf. Es ist zum Beispiel möglich, sowohl Platzangst als auch Klaustrophobie zu haben.

Woher kommt eine Phobie?

Phobien sind so unterschiedlich, daß nicht leicht herauszufinden ist, was sie ausgelöst hat. Möglicherweise beginnen sie im Zusammenhang mit irgendeinem traumatischen Ereignis, einem Umzug, einer

156

Geburt oder dem Einsetzen einer Depression. Manchmal beziehen sie sich auf Dinge, die in unserer Kindheit geschehen sind.

Was kann ich tun?

1 *Um Hilfe bitten.* Ärzte und Therapeuten können häufig Phobien schnell und effektiv behandeln. Wir dürfen sie nicht vertuschen und sagen, wir seien »ängstlich«. Wenn wir tatsächlich zwanzigmal nachsehen, ob die Haustür verschlossen ist, oder regelrecht Panik davor haben, in einen Zug zu steigen, dann sollten wir den Mut haben, das zu sagen. Wenn wir unsere Phobie mit »Ängstlichkeit« kaschieren, dann werden uns Beruhigungsmittel verschrieben, die uns wohl kaum gegen die Phobie helfen.

2 *Versuchen Sie, mehr Informationen zu bekommen.*

3 *Lassen Sie sich durch die Tatsache ermutigen, daß viele Menschen ihre Phobien vollständig überwinden.*

4 *Lernen Sie langsam, die Dinge zu tun, vor denen Sie sich fürchten.* Ich habe als junge Mutter gelernt, daß ich es gerade so schaffte, aus dem Haus zu gehen, wenn ich mich am Buggy festhielt. Andernfalls geriet ich in Panik, aber so konnte ich mir langsam beibringen, vor die Tür zu gehen.

Ich muß mein Leben immer noch ein wenig um meine Ängste herum planen, aber ihnen direkt entgegenzutreten, ist wirksamer, als sie als unüberwindliche Hindernisse zu betrachten.

Uns selbst wertschätzen

Wir haben vielleicht das Gefühl, daß uns unsere Ängste und unsere Gedanken in den Wahnsinn treiben. Doch man hat mir gesagt, wenn wir uns deswegen Sorgen machen, dann sei das ein Zeichen dafür, daß es wahrscheinlich nicht so ist. Die wirklich ernsthaft wahnsinnigen Menschen sind sich ihres Gemütszustandes nicht bewußt. Das ist vielleicht nur ein schwacher Trost, aber besser als gar keiner.

Ängste, Phobien, Selbstmordgedanken und irrationales Verhalten sind ziemlich normale Erscheinungen während einer Zeit der Depression. Die Ängste gehen vorbei. Eines Tages werden wir uns wesentlich besser fühlen. Es bringt gar nichts, aber kostet viel, wenn wir uns ständig selbst anklagen und uns auf unsere Wertlosigkeit und Dummheit konzentrieren. Wir sind wertvolle menschliche Wesen.

Wir wissen nun bereits ungeheuer viel über uns selbst, über unsere Schuldgefühle, Wut, Verluste und Ängste. Das hat uns schon sehr weit dem Gipfel entgegengebracht. Das dürfen wir nicht vergessen, auch wenn wieder schwierige Abschnitte kommen.

Praktische Tips

▷ Machen Sie eine Liste mit positiven Dingen, die Sie über sich selbst sagen können oder über die Art, wie Sie mit Ihren Ängsten und Ihrer Depression umgehen.

> *Ich versuche, nett zu mir zu sein.*
> *Ich bin dabei, aus dieser Depression herauszukommen, indem ich einen Schritt nach dem anderen gehe.*
> *Ich tue meine Arbeit gut.*
> *Ich bin »gutgenug« als Mutter oder Vater.*
> *Ich habe ein paar wirklich gute Freunde.*
> *Ich arbeite sehr an meinem Denken und an meinen Gefühlen . . . und ich arbeite an meiner Art, Mutter / Vater zu sein!*
> *Ich habe jetzt realistischere Erwartungen an das Leben.*
> *Ich habe aufgehört, mir unrealistische Listen von dem zu machen, was noch getan werden muß.*
> *Ich erkenne, daß Weinen kein Ausdruck von Schwäche ist, sondern eine Art, nach außen zu zeigen, was ich fühle.*

Teil 6

Abstürzen

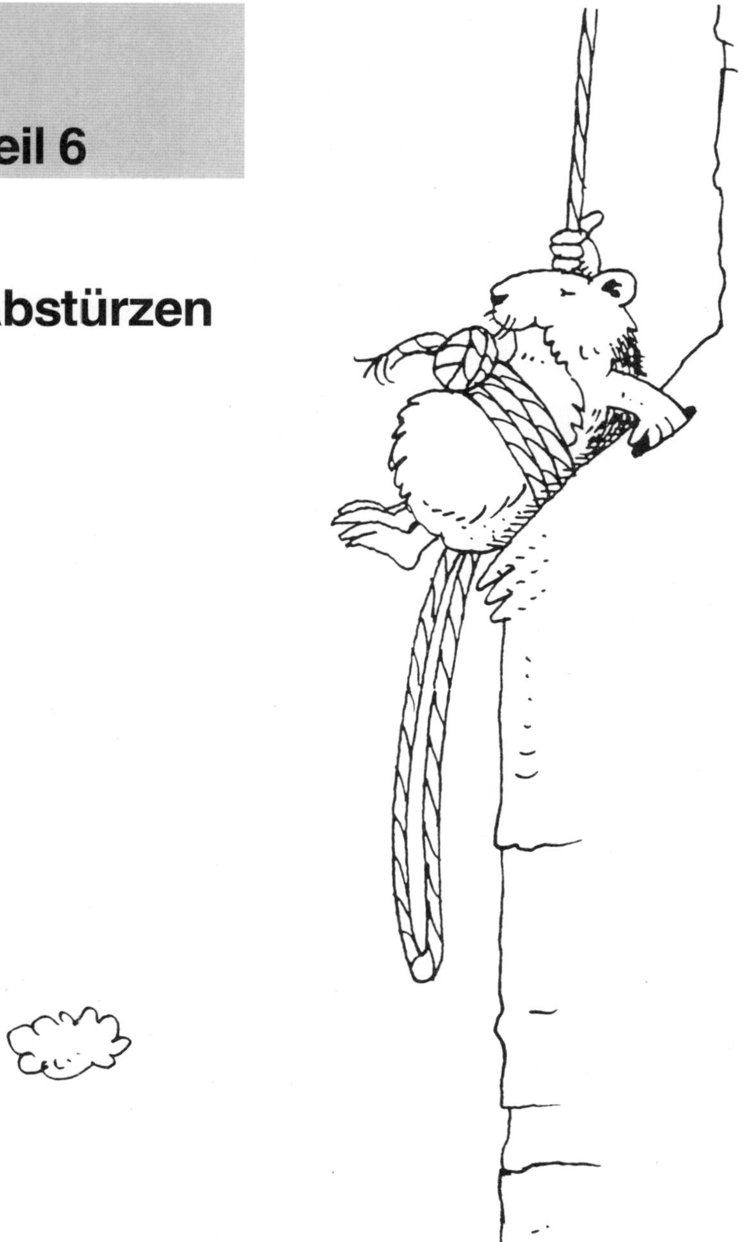

29

Versuchungen

*Selbstmord ist eine sehr dauerhafte Lösung für ein zumeist vorüber-
gehendes Problem.*
Richard Winter

Für die meisten von uns ist das Leben eine ständige Strapaze. Häufig
stürzen wir ab. Es wird so schlimm, daß wir uns erneut am Fuß der
Felswand wiederfinden. All die alten Gefühle kommen zurück. Wir
fühlen uns besiegt, erdrückt und enttäuscht. Wir überlegen, welche
Möglichkeiten wir haben. Der Tod ist eine davon.

Die Versuchung, zu springen

Die meisten Menschen denken irgendwann einmal in ihrem Leben
an Selbstmord. Manche machen Selbstmordversuche. Das Problem
ist, sobald man nur einmal darüber nachdenkt, kommt der Gedanke
wieder. Beim ersten Anzeichen von Schwierigkeiten schaltet unser
Verstand sofort um auf »Sprungbereitschaft«. In uns wächst die
Überzeugung, daß die Welt ohne uns besser dran wäre. Wir glauben
nicht, daß wir es auch nur eine Minute länger aushalten.

Im Gespräch mit Freunden, die alle schon Selbstmordgedanken
hatten, kamen wir gemeinsam zu der Überzeugung, daß es unsere
»Krankheit« sei, die uns sagt, wir sollten lieber sterben. Wenn es uns
besser geht, empfinden wir große Erleichterung und wir sind so un-

glaublich dankbar, daß wir uns selbst nichts angetan haben, daß es uns fast zu viel ist, daran zu denken.

Viele Selbstmordversuche sind wütende Gegenreaktionen auf schwierige Beziehungen oder Umstände. Richard Winter

Diejenigen um uns her, von denen wir annehmen, daß sie froh wären, wenn sie uns los sind, würden in Wirklichkeit für den Rest ihres Lebens unter unserem Tod leiden.

Es ist gefährlich, alle Tabletten auf einmal zu schlucken, die uns der Arzt verschrieben hat. Das kann zum Tod führen, aber wahrscheinlicher ist, daß sie nicht wiedergutzumachende Schäden im Gehirn verursachen. Wir würden nicht sterben. Wir würden verblöden.

Die wirklich unerträglichen Abschnitte überstehen

Wir müssen auf diese unerträglichen Zeiten vorbereitet sein, in denen der Tod als recht angenehmer Ausweg erscheint. An dieser Stelle sollten wir unsere zuvor bereitgelegten Sammlungen von Dingen für wirklich schwere Zeiten »hervorholen«. Sie sind in Kapitel 12 beschrieben. Verschiedene Menschen müssen unterschiedlich vorgehen. Eine der folgenden Empfehlungen hilft Ihnen vielleicht:

◆ Treffen Sie keine weitreichenden Entscheidungen während der Depression. Sie würden sich anders entscheiden, wenn es Ihnen besser geht.

◆ Wir wissen einfach nicht, wie der Tod ist. Vielleicht wäre er das Ende all unserer Kämpfe. Vielleicht aber auch nicht.

◆ Halten Sie eine Liste von Telefonnummern bereit, die Sie anrufen können. In vielen Städten gibt es das Angebot der Telefonseelsorge. Sie verurteilen niemals. Sie hören immer zu.

- Wenn Sie meinen, Sie könnten niemanden anrufen, gehen Sie irgendwohin. (Meistens fühle ich mich allerdings unfähig, unter Menschen zu sein, wenn es mir wirklich schlecht geht.) Machen Sie irgend etwas, damit die Zeit vergeht und sich das schlimmste Empfinden ein wenig verflüchtigt.
- Ziehen Sie sich in Ihre »Höhle« zurück. Suchen Sie sich einen Ort, wo Sie einfach nur »sein« können, wo Sie niemand stört.
- Obwohl wir das Gefühl haben, absolut am Boden zu liegen, könnte es sein, daß wir diesmal nicht bis ganz unten abgestürzt sind. Was sich anfühlt wie der Boden, könnte in Wirklichkeit jedesmal ein etwas höher gelegener Felsvorsprung sein. Es gibt einen allmählichen Fortschritt.
- Weinen Sie, schreien Sie, schreiben Sie wild drauflos, spielen Sie sehr laute Musik, treten Sie gegen die Wand – tun Sie alles, was die Gefühle verheerender und zerstörerischer Depression in andere Bahnen lenkt als in die Selbstzerstörung.
- Wenn ich sehr früh am Morgen wachliege, habe ich gemerkt, daß ich noch depressiver werde, wenn ich im Bett liegenbleibe. Wenn ich aufstehe und mir eine Tasse Tee koche, geht es mir etwas besser.

Wenn Ihnen Selbstmord als einziger Ausweg erscheint, sollten Sie doch vorher noch bedenken:

- Sicher würde es Menschen geben, die nach Ihrem Tod sagen: »Ich wünschte, ich hätte gewußt, was los war. Ich hätte so gerne geholfen.« Sie meinen vielleicht, daß keiner so etwas sagen würde. Das ist wahrscheinlich eher ein Zeichen Ihrer Krankheit als die Realität.
- Auch wenn Sie sich das im Augenblick nicht vorstellen können: Manche Menschen wären ganz furchtbar verletzt durch Ihren Tod. Er würde ihr Leben für immer belasten. (Wenn Sie jetzt denken: »Gut, das wird ihnen eine Lehre sein«, versuchen Sie herauszufinden, ob es sich wirklich lohnt, für solch einen Racheakt das Leben zu opfern.)

162

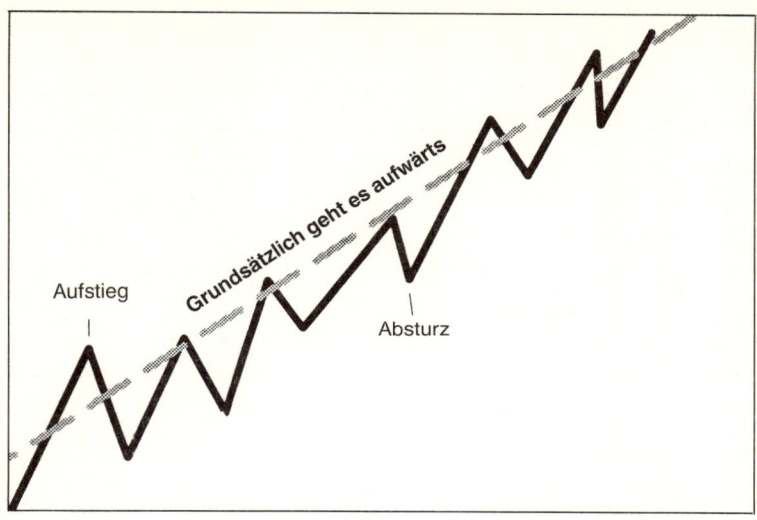

Aufstieg
Grundsätzlich geht es aufwärts
Absturz

◆ Vielleicht ist der Tod nicht so, wie Sie es erwarten. Sie gehen zudem das Risiko ein, daß der Selbstmordversuch mißlingt und Sie statt dessen für immer schwer behindert sind.

◆ Oft ist der Todeswunsch ein anderer Ausdruck für die Sehnsucht nach mehr Hilfe. Was wir wirklich meinen, ist viel eher: »Ich kann diese Hölle nicht mehr ertragen«, als: »Ich wünschte, ich wäre tot.« Reden Sie mit irgend jemandem darüber, der zuhören und es mit Ihnen durchsprechen wird. Am besten gehen Sie zu Ihrem Arzt. Mein Arzt ist super. Wenn Ihrer nicht so gut ist, gehen Sie zu einem besseren.

Der Verzweiflungsakt des Selbstmords

Wenn jemand mit seiner Depression nicht mehr länger fertiggeworden ist und ich durch die Tageszeitung von seinem Selbstmord erfahre, wünschte ich, ich hätte seine Hand halten können, bis das Schlimmste vorbeigewesen wäre. Eine überwältigende Traurigkeit überkommt mich.

Es ist nicht nur, weil jemand solche inneren Schmerzen gehabt hat. Nicht nur eine Traurigkeit um der trauernden Familie willen (und Selbstmord muß die am schwersten zu verkraftende Todesart sein), sondern die Traurigkeit, daß der Betreffende allein gewesen ist in seinem Schmerz.

Dieses Alleinsein in tiefster Verzweiflung ist die Tragödie. Wir haben zwar das Gefühl, es sei niemand da. Aber es gibt Menschen, die sich um uns kümmern, und die bei uns sitzen können, bis wir uns wesentlich besser fühlen. In England gibt es die Samariter, oder Sie können Verbindung aufnehmen mit einem Pastor am Ort.

Halten Sie durch. Es gibt die Umarmung, die wir brauchen – nur im Moment bekommen wir sie nicht. Vertrauen Sie nicht auf Ihre Gefühle, die Sie im Augenblick haben, sie werden sich schnell verwandeln.

Machen Sie etwas »Destruktives«!

Manche Todeswünsche sind nach innen, gegen uns selbst gerichtete Wut. Wir wünschen uns, uns selbst zu zerstören. Diese innere Wut zu erkennen und der Versuch, sie zum Ausdruck zu bringen, geht in die richtige Richtung.

Ich fühle mich immer besser, wenn ich irgend etwas »Destruktives« gemacht habe. Gut geeignet sind, weil kein bleibender Schaden entsteht, im Garten Erdhaufen aufzuwerfen, auf große Kissen einzuschlagen und ähnliches. Schlecht geeignet ist, den Hund zu treten, etwas Wertvolles zu zerschlagen oder uns selbst zu verletzen, weil wir unser Handeln wahrscheinlich hinterher bereuen würden.

Beim Aufstieg aus der Depression geht es darum, daß manchmal etwas zerstört werden muß, bevor etwas Besseres aufgebaut werden kann. Der Garten, der nicht umgegraben wurde, wird keine gute Ernte hervorbringen. Ich habe einmal eine Wand niedergerissen, um sie wieder aufzubauen. Das war unglaublich therapeutisch – aus dem Schutt entstand eine neue und ziemlich gute Wand.

Teil 7

**Fort-
schritte**

30

Ins Rutschen kommen

Gott, warum hast du mich vergessen? Psalm 42,10

Der Aufstieg aus der Depression verläuft weder reibungslos, noch ist er einfach. An manchen Tagen oder Wochen fühlen wir uns gut und merken, daß wir Fortschritte machen. Doch manchmal lockert sich ohne triftigen Grund unser Halt im Leben. Wir haben plötzlich Schwierigkeiten mit Dingen, die wir meinten, mühelos bewältigen zu können. Schlafstörungen stellen sich wieder ein, vielleicht dieses grausame frühe Aufwachen, das so viele von uns kennen. Wir rutschen wieder ab in alte Eßgewohnheiten. Wir rutschen wieder ab in alte Denkgewohnheiten. Die Alpträume sind wieder da.

Plötzlich fühlen wir uns unfähig zum Kontakt mit anderen.

Das habe ich in den vergangenen Wochen erlebt. Ich weiß, daß es eine erneut beginnende Depression ist. Ich habe gelernt, die ersten Anzeichen zu erkennen.

Es ist nicht dramatisch oder beängstigend. Nur diese schleppende Müdigkeit und jene typischen Symptome: Tränenausbrüche bei den unbedeutendsten Anlässen, frühes Aufwachen, morgens schon Erschlagensein, das Empfinden, daß Dinge langweilig sind, die ich sonst gerne gemacht habe. Nichts macht mehr Spaß. Dennoch weiß ich, es ist nicht so schlimm – noch nicht. An diesem Punkt versuche ich dafür zu sorgen, daß es nicht schlimmer wird ... Kann ich das?

Gegensteuern, damit es nicht schlimmer wird

Als erstes müssen Sie sich klarmachen, daß Ihr Halt an der Felswand sicher genug ist. Er ist nicht übermäßig sicher, aber er ist sicher genug. Ich meine damit, daß Sie stark genug sind, um die nächsten zehn Minuten zu überstehen. Der Gedanke an den ganzen bevorstehenden Tag ist gräßlich. Der Gedanke an die nächste Woche ist so furchtbar, daß ich Angstzustände bekomme. Aber es reicht, wenn ich in der Lage bin, die nächsten zehn Minuten zu bewältigen.

Ich habe mir eine Liste gemacht mit dem, was ich heute erledigen *muß*, und dem, was ich heute erledigen *kann*. (Ich habe versucht, mich mit dieser Liste nicht zu überfordern.) Es tut mir gut, wenn ich etwas abhaken kann. Wahrscheinlich werde ich nicht alles schaffen, aber alles, was ich abgehakt habe, steigert mein Wohlbefinden und stärkt meinen Halt an der Felswand. Ich halte mich ausreichend fest. Das ist »gutgenug« für den Augenblick.

Achten Sie zweitens sehr bewußt auf das, was geschieht. Mir gibt das das Gefühl, daß ich mein Leben im Griff habe. Zuerst einmal bedeutet es ganz einfach, die ersten Symptome bei sich zu erkennen. Das ist eine entscheidende Fertigkeit, die es zu erwerben gilt. Bei mir sind das möglicherweise ganz andere Symptome als bei Ihnen. Andere Symptome, von denen mir Bekannte berichtet haben, sind:

Das Bedürfnis, mehr Alkohol zu trinken,
große Ungeduld,
die Unfähigkeit, sich zu konzentrieren,
Interesse an gar nichts.

Es ist gut, wenn Sie in Ihrem Tagebuch notieren, wie Sie sich fühlen. Das könnte Ihnen Einblick in diese ersten Symptome geben.

Erkennen, daß es noch Halt gibt

Dieses Bewußtsein über den eigenen Zustand kann man sich nur durch Übung aneignen. Es gibt alle möglichen Umstände, die uns nachhaltig beeinflussen und uns dazu verleiten können zu denken, es sei alles viel schlimmer, als es in Wirklichkeit ist. Ich habe herausgefunden, daß häufig mein körperlicher Zustand eine wichtige Rolle spielt. Zum Beispiel weiß ich, daß ich nach einer gerade überstandenen Infektion leicht das Gefühl habe, von der Felswand abzurutschen. Jede Krankheit, Grippe oder auch nur die kleinste Magenverstimmung, macht mich matt und depressiv.

Ich weiß ebenso, daß ich die Dinge viel schwerer nehme, als sie eigentlich sind, wenn ich ganz einfach körperlich müde bin. Wenn man am Tag nach einer kurzen Nacht nicht so gut zurechtkommt, ist das eigentlich nicht verwunderlich.

Es dauerte Jahre, bis ich erkannte, daß es eine »schleichende Müdigkeit« gibt, die sich im Laufe von Monaten aufbaut. Wenn ich an die Jahre zurückdenke, als meine Kinder noch klein waren, dann war sie wahrscheinlich mit eine Wurzel all der Depressionen – die ganz normale Müdigkeit. In meinem Fall war es eine unerkannte Müdigkeit. Ein allgemeiner Erschöpfungszustand bestimmte mein Leben. Ich lief herum wie im Nebel. Es ist wichtig, daß wir uns bewußt machen, was mit uns los ist. Denn es geht um unseren Körper. Wir sollten kontrollieren, was wir mit ihm machen und was mit ihm geschieht.

Gut, so sieht es heute aus, und ich weiß, daß ich down bin. Ich weiß auch warum – wenigstens einen Teil der Gründe dafür –, und ich möchte nicht noch weiter abrutschen. Was kann ich dagegen machen?

Wie kann ich verhindern, weiter abzurutschen?

- ◆ Glauben, daß ich immer noch an der Felswand hänge und nicht am Boden liege.
- ◆ Glauben, daß es wieder besser wird! Das ist nicht leicht. Besonders dann, wenn sich die Dinge wirklich bessern, wird meistens erst einmal alles schlimmer. Das ist so wie beim Aufräumen – sei

es der Küchenschrank, unser Schreibtisch oder das Zimmer des Dreijährigen. Am Anfang muß man durch eine ganz schreckliche Phase durch.

◆ Gut auf mich selbst aufpassen. Wenn meine Finger wund sind und ich weiß, daß ich mich an der Felswand nicht mehr gut genug festhalten kann, ist drastisches Handeln erforderlich. Es bleibt nicht mehr viel Zeit für vornehme Zurückhaltung oder ein passives Abwarten, daß sich alles schon von selbst wieder einrenken wird. Unser Überleben steht auf dem Spiel.

◆ Ruhen Sie sich viel aus. Das ist entscheidend.

◆ Achten Sie auf eine gesunde Ernährung mit viel vitaminreicher Kost.

◆ Etwas Bewegung ist eine Hilfe. Ich fühle mich danach gestärkt, erfrischt und erneuert. Selbst ein paar Dehnübungen im Schlafzimmer können helfen.

◆ Zeit für mich. Wer extrovertiert ist, tut sich vielleicht etwas Gutes, indem er mit Freunden etwas unternimmt oder sich Leute nach Hause einlädt. Das wäre mir ein Alptraum! Im Prinzip geht es darum, daß wir etwas tun, was *wir möchten* – ohne daß wir uns deswegen schuldig fühlen! Schuldgefühle, Selbstmitleid oder die Erwartung, daß andere etwas gegen unseren unsicheren Halt an der Felswand unternehmen, verschlimmern die Situation nur. Es gibt keinen Grund für Schuldgefühle, wenn wir eine Pause machen und tun, was wir möchten, damit wir eine Krise überstehen. Es gehört dazu, daß wir Krisen haben. Krisen sind menschlich, und es ist in Ordnung, ein Mensch zu sein.

◆ Arbeiten Sie mit der Tabelle über negatives Denken aus Kapitel 18.

◆ Obwohl ich lieber schreibe, ist es auch wichtig, mit jemandem zu sprechen. Ziel kann nicht sein, daß jemand anderes grundsätzlich eine Veränderung in meinem Leben herbeiführt (im Sinne einer Übertragung der Verantwortung). Sehr wichtig ist es dagegen, behutsam einem andern Menschen unsere Gefühle mitzuteilen.

Fortschritte wahrnehmen

Jeder hat schlechte Zeiten. Es kann nicht schaden, wenn wir uns einen Moment ausruhen und sehr sorgfältig unseren nächsten Schritt abwägen, vorausgesetzt wir sehen, daß wir einigermaßen sicher auf unserem Felsvorsprung stehen.

Eine schlechte oder schwierige Phase zu haben, ist nicht dasselbe, wie abzustürzen:

◆ Wir sind nicht wieder am Boden.

◆ Wir werden aus dieser speziellen Schwierigkeit etwas lernen – und sei es nur, daß wir vergessen hatten, wie absolut grausam es ist, in einer schlechten Phase zu stecken.

◆ Wir haben einen triftigen Grund, uns ein wenig zu verwöhnen. (Großartig – eine Entschuldigung für ein Stück Schokolade.)

Zum Nachdenken

▷ Denken Sie an die letzten paar Wochen oder Monate zurück und überlegen Sie sich, welche Fortschritte Sie gemacht haben. Vielleicht gibt es nicht viele, aber ein paar werden es sicherlich sein.

Mehr über *Ernährung und Bewegung* in Kapitel 14.

31

Träume helfen

Herr, du erforschest mich und kennest mich.
Ich sitze oder stehe auf, so weißt du es;
du verstehst meine Gedanken von ferne.
Ich gehe oder liege, so bist du um mich
und siehst alle meine Wege ...
Von allen Seiten umgibst du mich
und hältst deine Hand über mir.   *Psalm 139,1-5*

Träume sind ein weiterer Bereich in unserem Leben, durch den wir Fortschritte erzielen können. Als ich das erste Mal während einer Therapie davon hörte, hielt ich das für ziemlich unmöglich. Aber ich war bereit, es einmal zu versuchen. Zu meiner Überraschung erwiesen sich Träume tatsächlich als eine wertvolle Quelle zur Selbsterkenntnis.

Träume können uns helfen herauszufinden, was unsere hbUs sind (vgl. Kapitel 12, S. 57) – was sich hinter unserer Depression verbirgt und wo ihre Ursachen liegen. Wenn wir etwas in unser Unterbewußtsein verdrängt und vergraben haben, anstatt die wahren Gefühle zuzulassen, könnte es uns möglicherweise helfen, unseren Träumen zu »lauschen«.

Wichtige Dinge passieren oft in der Kindheit, wenn wir noch so jung sind, daß wir nicht ausdrücken können, was wir empfinden. Diese Gefühle sind immer noch in uns, wenn wir erwachsen sind, und haben verheerende Auswirkungen. Sie sind eingesperrt wie in einem geschlossenen Boiler, in dem sich der Dampfdruck gefährlich erhöht. Der Druck ist so stark, daß eine Explosion droht.

Unsere Schutz- und Verteidigungsmechanismen verhindern während unserer Wachzeiten mit aller Gewalt, daß dieses eklige Zeug an die Oberfläche dringt. Doch wenn wir schlafen gehen, haben diese Mechanismen Feierabend, und das Zeug kommt nach oben. Es versucht uns Botschaften zu übermitteln:

- Würdest du bitte zur Kenntnis nehmen, daß du verletzt warst, als »X« starb?
- Du fühlst dich deshalb dumpf gegenüber dem Ereignis »Y«, weil du deine wahren Gefühle nicht zuläßt.
- »Z« hat dich viel tiefer betroffen gemacht, als du denkst.

Unsere Körper sind darauf angewiesen, daß wir die Verletzung fühlen und wahrnehmen, was geschieht. Dann können wir anfangen, damit fertig zu werden.

Diese Gefühle, Verletzungen und unerkannten Momente des Schmerzes können manchmal in unseren Träumen zu uns durchdringen. Sie helfen uns vielleicht, noch mehr hbUs herauszufinden, die uns depressiv machen. Für manche Menschen sind sie eine Möglichkeit der Selbsterfahrung.

Ich finde es mittlerweile überraschend einfach, mir meiner Träume bewußt zu werden und herauszufinden, was sie mir sagen wollen. Sehr wichtig dabei ist allerdings, daß man sich unmittelbar nach dem Aufwachen ein paar Notizen über den Traum macht. Das hindert uns manchmal daran, wieder einzuschlafen, was sehr hart ist, wenn man wegen der Depression ohnehin unter Schlafstörungen leidet. Doch wie so oft bei unserem Aufstieg lohnt sich auch hier auf lange Sicht, kurzfristig Unannehmlichkeiten in Kauf zu nehmen.

Die beste Methode, um mich selbst dazu zu bringen, die Einzelheiten eines Traums zu notieren, war:

- Einen Bleistift und ein Stück Papier neben meinem Bett bereitzulegen,

- eine schwache Birne in meine Nachttischlampe zu schrauben (das helle Licht hat mich vorher so erschreckt, daß ich den Traum augenblicklich vergaß),
- schnell zu schreiben,
- mir niemals selbst zu versichern, daß ich nichts aufzuschreiben bräuchte, weil ich alles in Erinnerung behalten würde. Wenn es explosives Material ist, *will* mein Bewußtsein es vergessen. Und weg ist es.

Am nächsten Morgen las ich meine Notizen durch, versuchte mich an den Traum zu erinnern, fügte noch Kleinigkeiten hinzu, die mir einfielen, schrieb noch einmal neu, was unleserlich war, und überlegte mir, was mir dieser Traum wohl zu sagen hatte.

Vielleicht sind Sie der Meinung, man könnte das auch gemeinsam mit einer Person seines Vertrauens durchsprechen, falls Sie jemanden haben. Ich habe gemerkt, daß es mir überraschend viel brachte, mich alleine damit zu beschäftigen.

Meine Träume schienen eine Mischung aus Dingen zu sein, die erst kürzlich passiert waren, Sachen, die so absurd waren, daß ich mir überhaupt keinen Reim darauf machen konnte, und alten Ängsten und Alpträumen, bei denen eindeutig die Alarmglocken läuteten, sobald ich erkannte, was sie bedeuteten.

Zum Beispiel träumte ich einmal, ich ginge hinauf auf den Dachboden unseres Hauses (am Tag war ich dort oben gewesen, um etwas zu suchen). Ich wollte nicht herunterkommen. Mein Therapeut stand unten neben der Leiter und sagte mir, daß es durchaus sicher sei, hinabzusteigen, aber ich weigerte mich mit Nachdruck und behauptete, das sei falsch. Ich wollte oben bleiben zwischen all den Spinnen und Spinnweben.

Es war ziemlich klar, was das bedeutete: Ich hielt fest an meinem alten Zeug – an der Depression und den alten Denk- und Verhaltensmustern – und weigerte mich, mir von irgendeinem Menschen helfen zu lassen. Ich wollte mich nicht ändern oder hinuntersteigen ins Licht. Diese Wahrheit zu erkennen, hat mich alarmiert. Ich *dachte*, ich wollte mich ändern, aber das stimmte nicht wirklich. Ich fühlte mich sicherer so, wie ich war.

Wenn man sich also mit Träumen beschäftigt, sollte man gewarnt sein. Das ist nicht einfach. Wie alles während der Depression kann es mit Schmerzen verbunden sein.

Praktische Tips

▷ Legen Sie Bleistift und ein Blatt Papier neben Ihr Bett. (Achten Sie darauf, daß Sie zum Schreiben eine harte Unterlage haben.)

▷ Schrauben Sie eine schwächere Birne in Ihre Nachttischlampe oder drehen Sie das Licht von Ihren Augen weg.

▷ Legen Sie sich leichte Lektüre bereit, die Ihnen hilft, wieder einzuschlafen, nachdem Sie Ihren Traum aufgeschrieben haben – und ein pflanzliches Schlafmittel, wenn es nicht anders geht.

32

Einsamkeit

Einsamkeit verursacht größeres Leid als Krebs und Aussatz.
Mutter Teresa

Früher oder später fühlt sich jeder von uns einmal vollkommen allein auf diesem merkwürdigen kleinen Planeten. Man sagt uns, das sei ein Irrtum. Wir versuchen zu glauben, daß es nicht so ist. Wir schließen uns Clubs und Vereinen an. Wir schreiben Briefe an Freunde. Wir tragen in unseren Terminkalender ein, wann wir uns mit ihnen verabredet haben. Wir stellen Fotos von unseren Familienangehörigen auf. Aber all das verschleiert die Wahrheit, die uns in der Depression überfällt. Wenn es darauf ankommt, fühlen wir uns inmitten von Millionen Menschen allein.

Einsamkeit bezieht sich mehr auf unsere Gefühle als auf die Erfahrung, wirklich allein zu sein. Nahezu jeder von uns kennt dieses furchtbare Empfinden, unter Menschen zu sein und sich gleichzeitig grenzenlos einsam zu fühlen.

Vielleicht können wir psychotherapeutisch behandelt werden. Vielleicht haben wir ein Dutzend gute Freunde und einen wunderbaren Ehepartner. Aber letztendlich muß jeder für sich selbst einen Weg finden, diese Welt zu verstehen. Ich muß lernen, meine eigenen Kämpfe in mir selbst auszufechten. Ich muß für mich entscheiden, in welche Richtung ich gehen will – ob ich hinauf will auf den Gipfel des Berges, oder ob ich auf diesem Felsvorsprung bleiben möchte, oder ob ich abspringen will. Niemand kann mir das Klettern abnehmen. Wenn jemand versucht, durch mich sein Leben zu leben (Eltern versuchen das manchmal), treibt mich das in die Verwirrung und schließlich in Orientierungslosigkeit und Depression.

Ich bin ich und ganz allein ich. Niemand hört das Chaos, die Häßlichkeit meines Denkens oder meine leisen Hilferufe. Dort bin ich, an der Felswand, es ist kalt, und ich bin allein. Meine Finger schmerzen. Meine Arme und Beine sind lahm. Meine Knie zittern vor Anstrengung. Ich möchte mich übergeben.

Diese Einsamkeit ist die Realität. Dennoch ist es nicht die ganze Realität. Es ist nur die Realität dieses Augenblicks. Es ist so ähnlich, wie wenn es Winter ist. Der Frühling kommt bestimmt, aber das erleichtert die Schwere der langen, dunklen Tage eigentlich nicht. Die Hoffnung auf den Frühling wärmt uns nicht auf, wenn wir uns keinen Brennstoff zum Heizen leisten können. Es ist gut, an den kommenden Frühling zu denken. Ja, es hilft ein wenig, aber jetzt ist es trotzdem dunkel und kalt.

Im Biologieunterricht lernen wir, daß es keinen Frühling geben kann ohne den Tod im Winter. Wir erkennen, daß wir uns über die ersten Blumen nicht so freuen würden, wenn es sie das ganze Jahr über gäbe. Vielleicht brauchen wir den Tod und die Schwermut, um den Frühling zu verstehen und zu genießen.

Ohne seinen physischen Tod wäre die Auferstehung Jesu nicht mehr als ein Spaziergang im Garten an einem Morgen im Frühling. Sie ergäbe keinen Sinn. Sie wäre kraftlos. Um aufzuerstehen, muß man gestorben sein. Um Freude und Frieden zu kennen, muß man auch Not und Schmerzen gekannt haben. Das Leben ohne den Kampf an der Felswand wäre ein fader, öder Spaziergang in einer flachen, langweiligen Landschaft. Reizlos.

Darum ist das Alleinsein nicht das Ende der Realität. Vielleicht hat die Realität auch eine Zeitdimension. Am Ende wird es sowohl Leiden als auch Freude geben.

Vielleicht besteht die Realität aus beidem, aus Tod und Auferstehung. Aus Winter und Frühling. Sie ist sowohl die Isolation während meiner Krise als auch die tröstende Wärme einer verständnisvollen Umarmung lange danach. (Manchmal sehr lange danach.)

Das Rettungsseil ist da, und der Führer hält es fest. Aber ich bin an einem Ende, und der Führer ist am anderen.

Isolation

Es gibt viele mögliche Gründe, warum wir uns so alleine fühlen. Unter allen Symptomen der Depression scheint das Gefühl, von der Umwelt abgeschnitten und allein zu sein, fast bei jedem vorzukommen. Es gehört ebenso zur Depression wie das Gefühl übermäßiger Traurigkeit.

Weil es ein Symptom unserer »Krankheit« ist, werden wir vielleicht erkennen, daß die Einsamkeit nicht so eindeutig und schrecklich ist, wie wir sie manchmal empfinden.

Unser Alleinsein hat genausoviel damit zu tun, daß wir uns von anderen isolieren, wie daß sich andere von uns abwenden. Es gibt Menschen, aber wir meinen, wir verdienten ihre Freundschaft nicht, oder wir wären langweilig, oder sie würden uns abweisen, wenn wir sie um Gemeinschaft bitten, oder . . . Die meisten von uns haben ihre eigenen (oftmals kaum verständlichen) Gründe, warum sie sich von anderen isolieren.

Wir denken vielleicht, wir isolieren uns überhaupt nicht von anderen.

Wege aus der Einsamkeit

Haben wir nur sehr wenige Freunde und Verwandte, müssen wir zwei Dinge grundsätzlich verändern, wenn wir aus unserer Einsamkeit herauskommen wollen:

◆ Wir müssen unser Denken über andere Menschen so verändern, daß wir wirklich mehr Menschen kennenlernen möchten.
◆ Wir müssen wirklich losgehen und mehr Menschen kennenlernen. Das setzt wahrscheinlich eine Veränderung unseres Verhaltens voraus.

Dennoch vergessen Sie nicht, daß Menschen manchmal tatsächlich sehr unfreundlich sein können.

Wie wir über Menschen denken

Einsame Menschen führen oft sehr negative Selbstgespräche (siehe Kapitel 18), die sich ungefähr so anhören:

> *»Also, mit solch einem Menschen könnte ich sowieso nicht befreundet sein.«*

»Wenn wir uns anfreunden, werden sie merken, wie ich wirklich bin, und mich ablehnen.«
»Mit mir möchte sowieso niemand befreundet sein.«

Das Problem ist nicht so sehr das Alleinsein, sondern die Angst, wie es wäre, wenn wir jemandem nahestünden. Freunde zu haben und Beziehungen einzugehen, ist eine riskante und schmerzhafte Angelegenheit. Wir wehren uns dagegen, weil wir mit engen Bindungen bereits schlechte Erfahrungen gemacht haben.

Vielleicht erwarten wir zuviel?

Wenn wir unrealistische Erwartungen haben, was uns Menschen an Freundschaft und liebevoller Zuwendung entgegenbringen können, dann werden wir unausweichlich enttäuscht werden.

Eine Freundschaft, die »gutgenug« ist, wäre besser als überhaupt keine Freundschaft.

Praktische Tips

▷ Verbringen Sie die nächsten Wochen damit, sich mit Ihrem negativen Denken über Einsamkeit auseinanderzusetzen.

▷ Treiben Sie Sport. Gehen Sie in ein Fitneß-Center. Sie werden dort Menschen treffen, gesünder werden, besser aussehen und mehr zu einem Menschen werden, mit dem andere gerne zusammen sind.

▷ Gehen Sie wenigstens in noch eine andere Gruppe oder einen anderen Verein. Noch nie hat jemand mehr Freunde gefunden, indem er vor seinem Fernseher saß.

▷ Machen Sie eine Liste der Menschen, die Sie schon kennen. Überlegen Sie sich, mit wem Sie sich in dieser Woche verabreden könnten.

▷ Machen Sie eine Liste der Dinge, die Sie gerne allein machen. Sich auch alleine gut zu fühlen, gehört zum Kampf gegen die Einsamkeit dazu.

▷ Es gibt Gruppen extra für Menschen, die allein sind. Gehen Sie zu einer Selbsthilfegruppe. Bitten Sie einen Gruppenleiter um einige Adressen.

▷ Gehen Sie jetzt los und unterhalten Sie sich entweder mit einem Nachbarn oder mit jemandem, den Sie in irgendeinem Geschäft treffen. Wenn Sie das nicht können, schreiben Sie einen Brief oder rufen Sie jemanden an.

Wenn alle Ihre Bemühungen erfolglos bleiben, könnte es sein, daß es nicht an Ihnen, sondern an den anderen Menschen liegt.

33

Das Unmögliche wagen

Die Hauptsache im Leben ist, keine Angst davor zu haben, ein Mensch zu sein.　　　　　　　　　　　　　*Pablo Casals*

Die Nachrichten heute im Fernsehen sind wieder zu schmerzhaft, um sie sich anzuschauen. Die Kriege gehen weiter, bitter und tödlich. In Afrika reißen Soldaten Nahrungsmittel an sich, die Mitarbeiter von Hilfsorganisationen versuchen, an hungernde Kinder zu verteilen. Im Fernsehen werden winzige Körperchen gezeigt, die in flachen Gräben im Sand verscharrt werden. Andere Kinder stehen herum, zu schwach, um sich die Fliegen aus ihren Gesichtern zu wischen. Eine Mutter weint, während sie ihr hungerndes Baby an ihre leere Brust legt.

Meine eigene Tochter ist über den Tod eines ihrer Lieblingslehrer verstört. Wie kann ich ihr erklären, warum ein so netter und begabter Mensch sterben muß? Was könnte ich meinen Kindern sagen, wenn einer ihrer Freunde bei einem Autounfall ums Leben käme?

Wir wollen sie im Schutz der Kindheit lassen, wenn wir sie trösten, indem wir sagen »es ist gut«. Aber was, wenn die Realität des Lebens ganz offensichtlich überhaupt nicht gut ist – wenigstens nicht immer und ohne die Sicherheit, daß für lange Zeit alles gut bleibt?

Wir können unsere merkwürdige Welt nicht erklären, aber niemand kann die Tatsache bestreiten, daß sie grausam ist. Not und Traurigkeit scheinen jedem zu begegnen, egal wie gut ein Mensch ist, oder ob er dieses Leid »verdient«.

Hiob, ein Mann aus der Bibel, hatte solche Probleme. Er war ein guter Mensch, aber ihm widerfuhren eine Menge schrecklicher Dinge.

Seine »Tröster« erklären ihm, das liege daran, daß er so ein schlechter Mensch sei. Das ist ein Schlag ins Gesicht, und Hiob sagt ihnen eindeutig, was er über sie denkt: »Ihr seid allzumal leidige Tröster! Wollen die leeren Worte kein Ende haben?« (Hiob, während seiner Depression, Hiob 16,2)

Ich hörte einmal im amerikanischen Fernsehen in einem christlichen Programm einen Prediger sagen, daß wir reich und glücklich würden, wenn wir Gott anbeteten und hart arbeiteten. Das gehört zu den fatalsten Dingen, die ich je gehört habe. Es könnte als Rechtfertigung aufgefaßt werden, die Armen und Obdachlosen arm und obdachlos zu lassen – weil sie angeblich nicht so hart gearbeitet haben wie die Reichen.

Es gibt in der Religion nicht so etwas wie einen Anspruch auf Seelenfrieden. Dann würde man Gott zu einer gigantischen Aspirintablette machen . . . nehmen Sie Gott dreimal täglich, und Sie werden keine Schmerzen mehr haben.   *John Powell*

Schlimme Dinge widerfahren guten Menschen

Jede Beobachtung des menschlichen Lebens macht deutlich, daß furchtbare Dinge nicht nur den schlechten Menschen zustoßen. Es gibt sehr reiche Verbrecher und arme ehrliche Leute. Schlimme Dinge widerfahren guten Menschen. Ich weiß nicht so recht, warum Gott das zuläßt.

Wenn man sagt, Gott habe alles unter Kontrolle oder er tue eben geheimnisvolle Dinge, dann ist das keine Antwort. Vielleicht stimmt es, aber es ist ähnlich, wie wenn andere zu uns sagen, daß wir einmal »froh« sein werden, depressiv gewesen zu sein. Wirklich?

Vielleicht gibt es einfach keine Antwort

Vielleicht ist das Leben so unfaßbar, daß jeder Versuch einer Antwort zum Scheitern verurteilt ist. Vielleicht werden wir unsere Depression niemals völlig los, aber entwickeln die Fähigkeit, dennoch ausreichend gut mit dem Leben zurechtzukommen. Im Laufe der Zeit erkennen wir immer besser die Wahrheit, wie schmerzhaft es ist, zu leben.

Für mich kommt einer einigermaßen befriedigenden Erklärung für das Leben und die Depression am allernächsten, daß wir einfach die Antworten nicht wissen können. Das Leben hat so unaussprechliche und so furchtbare Elemente, daß wir einfach nicht sehen können, um was es dabei wirklich geht. Es ist wie die Verzierung auf dem Kleid, das ich für meine niedliche Patentochter genäht habe. Das fertige Ergebnis, die Stickerei auf der Vorderseite, sah schön aus, aber wenn ich mir das Ganze von links ansah, wie ich es bei der Arbeit tat, war es nur ein unglaubliches Durcheinander aus Fäden und Knoten.

Vielleicht sehen wir in diesem Leben auf der Erde alles nur aus dieser begrenzten Perspektive – von der falschen Seite. Es sieht aus wie ein chaotisches, unorganisiertes Wirrwarr ohne Sinn und Struktur. Aber wenn wir das Leben nach dem Tod erreichen, werden wir die andere Seite sehen, und wir werden die Gründe, die Strukturen, den Sinn in allem erkennen. Vielleicht!

Dem Unmöglichen begegnen

Die meisten Menschen wehren sich irgendwann einmal gegen schreckliche Phasen des Lebens.

Manchmal können wir mit den Felsüberhängen kaum fertig werden, diesen unmöglichen Teilstücken, wo wir einen großen Felsen überwinden müssen, der so weit herausragt, daß wir ein Stück weit mit dem Kopf nach unten klettern müssen. An anderen Tagen fällt es uns leichter, damit zurechtzukommen.

Oder wir finden einen anderen Weg.

An manchen Tagen erscheint uns das, was im Leben vor uns liegt, zu schwer zu sein, um es jemals zu schaffen.

»Sie lieben? Nach dem, was geschehen ist?«
»Ihm vergeben? Nach dem, was er mir angetan hat?«
»Lernen, mich anzunehmen! Das soll wohl ein Witz sein!«
»Glauben, daß diese Depression aufhören wird? Gib mir einen winzigen Beweis dafür!«

Die unmöglichen Abschnitte bewältigen

◆ Arbeiten Sie mit jemandem gemeinsam daran. Gehen Sie in eine Selbsthilfegruppe. Bitten Sie Ihren Arzt um Hilfe, oder suchen Sie einen Therapeuten auf. Versuchen Sie niemals, einen Felsüberhang zu überwinden, ohne daß jemand das Rettungsseil wirklich ganz festhält.

◆ Finden Sie einen anderen Weg. Meistens gibt es mehrere Möglichkeiten, etwas zu erreichen.

- Treffen Sie keine weitreichenden Entscheidungen, wenn der Weg schwierig wird.
- Wenn möglich, entscheiden Sie sich für die einfachste Lösung! Die Depression ist schon schlimm genug; man sollte die Dinge nicht noch schwieriger machen, als sie ohnehin schon sind.

Möge das Glück dich auf deinem Wege begleiten,
möge der Wind dir immer im Rücken stehen,
möge die Sonne warm auf dein Gesicht scheinen,
der Regen sanft auf deine Felder fallen;
und möge Gott dich in seinen Händen halten,
bis wir uns wiedersehen.   *Irischer Segen*

34

Zweifelhafte Ratschläge

Zu den wenigen guten Dingen bei der Depression gehört, daß sie, wie jeder Schmerz, etwas Verborgenes zum Ausdruck bringt.
Myra Chave-Jones

Wer uns mit der Behauptung verunsichert, daß wir einmal froh sein werden, diese Hölle der Depression durchlebt zu haben, hat keine Ahnung, wie es wirklich ist – oder er hat es vergessen. Niemand kann jemals über eine solche Erfahrung froh sein. Aber wahr ist wohl, daß uns die Tiefpunkte helfen, die Höhepunkte wirklich zu schätzen.

Ich bin kein Experte darin, auf dem Gipfel einer Felswand zu stehen und sich phantastisch zu fühlen. Aber ich kann sagen, daß es im Verhältnis zum Abgrund der Hölle ziemlich toll ist.

Wenn das Leben immer so gut wäre, würden wir vielleicht wie verwöhnte Kinder, die sich so daran gewöhnt haben, immer ihren Willen durchzusetzen, daß sie unausstehlich werden.

Vielleicht macht die Erfahrung der Depression aus uns »bessere« Menschen. Damit meine ich Leute, die sensibel und einfühlsam auf die Nöte anderer reagieren, und die so viel Erfahrung über das Leben gesammelt haben, daß sie ein gewisses Verständnis dafür entwickeln, was die Menschen so unterschiedlich und interessant macht.

Wir gewinnen ein wachsendes Verständnis für das Ausmaß menschlichen Leidens. In meinem eigenen, begrenzten Lebenshorizont meine ich zu erkennen, daß Leute, die gelitten haben, weitherzig ihre Arme zum Trost für andere öffnen, die leiden.

Wenn es beim Bergsteigen wirklich leicht wäre, jeden Gipfel zu erklimmen, dann wäre es ein ziemlich sinnloses Unterfangen, vermute ich, und wir hätten nicht dieses einzigartige Gefühl des Erfolges, wenn wir einen Gipfel erreichen. Je schwerer der Aufstieg war, desto besser fühlt man sich hinterher. Vielleicht werden wir irgendwie vollständiger in unserem Menschsein, wenn unser Lebensaufstieg schwierig ist.

Ich weiß es nicht. Wenn ich mich weiter darüber ausließe, könnte es fürchterlich abgedroschen klingen.

Ich weiß nur: Obwohl sich die Menschen irren, die mir sagen, ich würde einmal froh über diese Erfahrung sein, stehe ich oft am Ende eines wirklich schwierigen Aufstiegs auf dem Gipfel und bin erschöpft, aber von guten, starken Gefühlen überwältigt. Es ist, als ob ich für den Rest meines Lebens nie wieder etwas als schwierig empfinden werde.

Jetzt, wo ich der Depression begegnet bin und es mir besser geht (obwohl ich manchmal wieder ziemlich abrutsche), frage ich mich jedoch auch: Kann irgend etwas im Leben jemals wieder so schwierig erscheinen wie dieser Aufstieg?

Selbst wenn ich an das Schlimmste denke, was mir widerfahren könnte, der Tod meines Partners oder eines meiner Kinder – könnte das wirklich schlimmer sein als diese klamme, stille Hölle? Natürlich ist das möglich, wie soll ich das wissen? Aber nachdem ich die Depression ausgehalten und überwunden habe, glaube ich, ein Stück weit das Handwerkszeug zu besitzen, um den schlimmsten Schicksalsschlägen des Lebens zu begegnen. Jedenfalls denke ich das.

Vielleicht werde ich dieselben Fertigkeiten, die ich während der Depression so gründlich gelernt habe, brauchen, um die nächsten dreißig Jahre zu überleben. Es gehört zu den schwersten Dingen im menschlichen Leben, der Depression zu begegnen. Wenn wir das können, dann können wir alles!

Tips für den Umgang mit der »Krempel-die-Ärmel-hoch-Truppe«

Es gibt unheimlich viele Menschen, die der sogenannten »Krempel-die-Ärmel-hoch-Truppe« angehören. Einige von ihnen erkennt man sofort, weil sie sich lauthals bemerkbar machen, aber andere sind nur schwer auszumachen. Sie können am Anfang freundlich und mitfühlend wirken, und wenn Sie es am wenigsten erwarten, Ihnen plötzlich entgegenschleudern, Sie sollten sich »zusammenreißen«. (Wenn das doch nur so einfach wäre.)

Hier sind einige Tips, um mit ihnen fertig zu werden.

Achten Sie darauf, wem Sie vertrauen

Sie werden nicht vorankommen, wenn Sie niemandem vertrauen, aber hier ist große Vorsicht geboten. Die Menschen müssen sich als vertrauenswürdig erweisen. (Sie würden keinen Aufstieg auf einen Berg wagen mit Seilen, bei denen Sie nicht wissen, ob sie halten.)

Die »Ich-bin-viel-schlechter-dran-als-du-Typen« sind ganz besonders schwierig

Es ist ganz wichtig, daß Sie sich klarmachen: Diese Menschen haben auch verzweifelte Nöte, aber bei der Depression kann es niemals um einen Wettbewerb gehen, wer am schlimmsten dran ist. Wir können selbst leicht zu solchen Leuten werden! Darum Vorsicht!

Achtung vor Leuten, die sagen, sie waren noch nie depressiv

Das erzählen sie zusammen mit geheimnisvollen Andeutungen, daß es in ihrem eigenen Leben auch viele Ereignisse gegeben habe, die zu Depressionen hätten führen können. Das ist eine indirekte Art auszudrücken, daß es ihnen schlechter gehe als Ihnen und daß sie selbst nicht depressiv geworden seien, Sie es auch nicht sein sollten; also sollten Sie sich bitte zusammenreißen!

Solche Menschen sind für Ihre Wiederherstellung und Ihr Wohlbefinden so hilfreich wie eine größere Lawine für einen Bergsteiger. Man sollte sie meiden, oder Sie riegeln Ihre Gefühle ab und beschwichtigen Ihr Gegenüber, und dann verschwinden Sie so schnell wie möglich.

◆ Versuchen Sie wegzugehen. Am besten gelingt das, wenn einem plötzlich einfällt, daß man eine Verabredung hat (mit seinem Tagebuch), oder indem man sagt: »Also, ich muß jetzt wirklich weitermachen.« »Die Pflicht ruft.« »Gut, daß wir dieses kleine Gespräch miteinander hatten.« »Es war schön, mit dir zu reden.« Auf jeden Fall, reden Sie, soviel Sie können. Das ist entscheidend wichtig. Es ist ganz egal, worüber, aber reden Sie, bis Sie außer Hörweite sind.

- Wenn Sie nicht wegkommen können, lächeln Sie freundlich. Riegeln Sie gleichzeitig Ihre Gefühle ab. Die Anwendung dieser Maske ist eine grundlegende Überlebensstrategie im Umgang mit der Depression.

- Entwickeln Sie ein unverbindliches »Hmm«. Sie müssen das in Ihrem Schlafzimmer üben, bis es richtig klingt. Es sollte weder »ja« noch »nein« ausdrücken. Die Leute werden es dann in der Regel so verstehen, wie sie es verstehen wollen. Man sagt Ihnen also, Sie sollen sich zusammenreißen. Sie lächeln und antworten: »Hmm.« Dann denkt man, Sie meinen: »Wie nett von dir, Rosi, ich habe nie gedacht, mich zusammenzureißen. Ich will das wirklich noch mehr versuchen. Wie dumm ich bin. Du bist ein Schatz, daß du so nett und hilfsbereit bist.« (Was Sie wirklich meinen, ist: »Du unsensible Kuh, ich könnte dir jedes Haar einzeln ausreißen. Am besten, du löst dich jetzt sofort in Luft auf, oder du hast die längste Zeit ...«)

- Sagen Sie, Sie würden jetzt gerne eine Tasse Kaffee oder Tee trinken. Schwafeln Sie irgend etwas.

- Wenn Schwafeln nicht hilft oder Sie einfach nicht die Kraft dazu haben, lenken Sie um und lassen Sie den anderen über sich selbst sprechen. Ablenkung ist einfach bei solchen »Ich-hatte-viele-Gründe-in-meinem-Leben, um-depressiv-zu-werden, aber-ich-habe-das-nicht-zugelassen«-Typen, weil sie, wie die meisten Menschen, gerne über sich selbst sprechen. Wenn das nicht klappt, weichen Sie auf Politik, Sex oder Religion aus.

- Wenn Sie sich stark genug fühlen, kann eine gewisse Arroganz Wunder wirken. Ich bin nicht unbedingt der Meinung, daß Angriff die beste Verteidigung ist, aber es ist in jedem Fall gut zu versuchen, Arroganz zu entwickeln. Sie können selbst die verwegensten Vertreter der »Krempel-die-Ärmel-hoch-Truppe« zum Schweigen bringen, indem Sie ihnen erklären, daß die meisten der wahrhaft großen Persönlichkeiten depressiv waren – das gehöre zu einem schöpferischen Geist dazu und sei ein Zeichen wahrer Genialität (die in Ihrem Fall noch entdeckt werden muß).

Sie können Ihr Gegenüber auch in ein Gespräch verwickeln, wie man in drei einfachen Schritten den Weltfrieden aufrichtet. Das schreckt normalerweise garantiert auch den Unerschrockensten ab.

Andere Menschen erklären Ihnen, Sie würden in zehn Jahren auf diese Erfahrungen zurückblicken und dann darüber froh sein, und sie meinen es gut. Sie haben das Tal des Todesschattens selbst durchquert.

Passen Sie gut auf. Am besten bitten Sie solche Menschen darum, Ihnen davon zu erzählen. Man kann beim Zuhören viel von ihnen lernen, was sie depressiv gemacht hat, und wie sie da herausgekommen sind.

Wenn es Ihnen geholfen hat, schreiben Sie sich auf, warum. Dann nehmen Sie es als Anhaltspunkt für sich selbst, um anderen zu helfen.

Vielleicht haben Sie das Gefühl, Sie könnten niemals jemandem helfen. Sie haben den Eindruck, das Leben wird immer so schlimm bleiben.

Aber das stimmt nicht. Irgendwann wird jemand seine Hand nach Ihnen ausstrecken und um Hilfe bitten. Anderen einmal helfen zu können, erschien mir der einzig nachvollziehbare Sinn für die Hölle der Depression überhaupt zu sein, weil es dabei ähnlich ist wie mit einem Trauerfall. Man muß es erlebt haben, um erahnen zu können, wie es ist.

Und ob ich schon wanderte im finstern Tal,
fürchte ich kein Unglück;
denn du bist bei mir,
dein Stecken und Stab trösten mich.

Psalm 23,4

35

Aufraffen und weitermachen

Vergebung heilt deine Erinnerung, weil sich das Bild in deinem Ge-
dächtnis verändert. Wenn du dem Übeltäter das Schlechte nicht
mehr zurechnest, schneidest du einen bösartigen Tumor aus deinem
Inneren heraus. Du setzt einen Gefangenen frei, aber du entdeckst,
daß der eigentliche Gefangene du selbst warst.

Lewis Smedes

Wenn man wieder von vorne anfängt, und sei es auch ganz am Anfang, dann ist das Gute, daß wir schon einige gangbare Wege hinauf
kennen und auch einige Fallen. Sonst gibt es nicht viel Gutes daran!
Wir wissen, daß vor uns ein langer, schwieriger Aufstieg liegt. Aber
wir starten nicht noch einmal ganz bei Null. Es hilft, daß wir schon
einige Stellen zum Festhalten kennen.

Beim letzten Mal haben wir gelernt, daß es gut ist, nett zu sich
selbst zu sein, vernünftig zu essen, Sport zu treiben, aufzuschreiben,
was uns zum Wahnsinn treibt, an Selbsthilfegruppen teilzunehmen,
unseren Vorrat an Strategien für die wirklich harten Tage zu erwei-
tern und Dinge zu tun, die wir gerne machen.

Wir sind jetzt etwas weiser. Wir wissen, daß es furchtbar werden
kann. Wir wissen, daß manche Tage die Hölle sind. Wir wissen, daß
wir an schlechten Tagen keine weitreichenden Entscheidungen treffen sollten.

Sogar die Menschen, die uns am nächsten stehen (wenn wir das
große Glück haben, daß es jemand in unserer Nähe gibt), lernen ein

wenig, wie sie uns helfen können – oder zumindest, wie sie es nicht noch schlimmer machen können! (Erinnern Sie sich, daß es fast unmöglich ist, uns zu helfen.)

Vergebe ich mir selbst – und anderen?

Menschen, die an altem Haß und alter Bitterkeit festhalten und sich weigern, zu vergeben oder »loszulassen«, werden selbst haßerfüllt und bitter. Menschen, die selbstzentriert, bitter und aufbrausend sind, gehen anderen auf die Nerven. Bitterkeit und Groll sind häßliche Dinge. Man kann sie Menschen im Gesicht ablesen.

Im großen Gegensatz dazu ist es eine Freude und ein Genuß, mit alten Menschen zusammen zu sein, deren Gesichter Vergebung, Liebe und Altersweisheit widerspiegeln.

Egal, was geschehen ist – wie traumatisch, ungerecht und unfair alles war –, unser Aufstieg wird leichter, wenn wir uns irgendwie davon befreien. Wir müssen diese Dinge ablegen, oder sie ziehen uns runter.

Vergeben und vergessen?

Es stimmt nicht, daß wir vergeben *und* vergessen müssen. Vergeben ja, aber vergessen scheint manchmal unmöglich zu sein. Manche Dinge sind so drastisch, daß wir sie wohl kaum vergessen werden.

Ich glaube, beim »Vergeben und Vergessen« geht es eigentlich darum, daß wir etwas vergeben, indem wir es auslöschen und jemand anders nicht weiter zur Last legen. Vergebung ist ein Prozeß, der sich nicht auf einmal vollzieht.

Im Laufe der Jahre erinnern wir uns meistens immer weniger an Dinge, die uns Menschen angetan haben, wenn wir ihnen vergeben haben. Und wir sollten uns auch nicht anstrengen, sie im Gedächtnis zu behalten. Aber Vergebung heißt auch, sich zu erinnern, daß es wirklich schlimm war – aber den anderen so sehr lieben, daß wir ihm dennoch vergeben.

Wenn wir uns entschuldigen und sofort zur Antwort erhalten: »Schwamm drüber – ist längst vergeben und vergessen«, dann ist das nicht immer gut. Vergebung braucht oft viel mehr als das. Solch eine unmittelbare Antwort ist gut im Umgang mit kleinen Kindern. Sie sind sich dann unserer Liebe und Anerkennung wieder sicher und wissen, daß wir sie annehmen, auch wenn sie sich schlecht benehmen. Aber der eigentliche Akt der Vergebung kann meist nicht so auf die Schnelle und oberflächlich vollzogen werden. Erst muß auch von dem, der vergeben will, die Schuld des anderen anerkannt werden. Sonst hat der, der sich entschuldigt, das Gefühl, der andere habe die Sache nur weggeschoben, aber nicht vergeben.

Vergebung ist schwierig

Sie gehört zu den schwierigsten Dingen beim Aufstieg aus der Depression.

Es ist schwer, jemandem zu vergeben, der tot ist. Es ist schwer zu vergeben, wenn die Verletzung der Tod eines Menschen war. Ein Todesfall kann bedeuten, daß man sich anhaltend abgelehnt und verlassen fühlt.

Es ist schwer, jemandem zu vergeben, dem es nicht leid tut, oder jemandem, der nicht weiß, was er getan hat. Vielleicht geschah alles in bester Absicht. Aber es hat Sie verletzt. Eltern und Kinder kennen so etwas sehr gut. Eltern machen Fehler bei ihren Kindern. Manchmal finden es die Kinder später schwer, ihnen das zu vergeben.

Es ist schwer zu vergeben, wenn es eine Organisation oder ein großes und anonymes System ist, das uns Unrecht zugefügt hat. Der Verlust unseres Arbeitsplatzes oder unserer Wohnung fällt auch in diese Kategorie.

Man kann sich kaum das Ausmaß an Schmerzen und traumatischen Erlebnissen vorstellen, die ein Krieg verursacht. Die meisten jungen Soldaten kehren nach Hause zurück, aber sie werden nie wieder so sein, wie sie waren. Familien, die mit dem Verlust eines Angehörigen fertigwerden müssen, bleiben verletzt für die Dauer einer Generation.

Wer in Kriegsgefangenschaft geraten ist, versucht seine Alpträume loszuwerden. Zerstörte Staaten müssen ihre Bürger ernähren. Andere versuchen, gemeinsam als Familie zu überleben. Alle diese Menschen müssen unbedingt vergeben. Das ist nicht leicht. Das Leben ist hart.

Wie vergebe ich jemandem?

Vergebung ist schwierig. Mir ist etwas Schlimmes angetan worden. Es hätte nicht passieren dürfen, aber es geschah dennoch. Nichts kann dieses Ereignis aus der Welt schaffen.

Was sich verändern läßt, sind die Auswirkungen, die dieses Ereignis auf mein Leben hat. Die Person, die mich schädigte, sollte zur Rechenschaft gezogen werden. Aber Vergebung bedeutet, daß ich keine Gerechtigkeit fordern werde. Ich werde darüber hinweggehen. Ich werde nicht auf meinem Recht bestehen – ich werde es loslassen.

Das Kernstück der Vergebung ist, nicht auf meinem guten Recht als Mensch zu bestehen. Wenn wir fähig sind, in dieser Weise »loszulassen«, dann sagen wir de facto, daß die Vergangenheit die Zukunft nicht bestimmen soll.

Natürlich ist es unglaublich schwer zu vergeben. Aber wenn ich mir vorstelle, wie Gott mir vergibt und mich liebt, dann kann ich auch daran denken, anderen zu vergeben. Meistens!

Nicht zu vergeben macht das Leben noch schwerer

Wenn wir nicht vergeben, wird unser Finger steif, der ständig anklagend auf denjenigen zeigt, der unsere Not verursacht hat. Finger, die anklagend zeigen, können sich nicht an der Felswand festklammern. Wir verlieren unseren Halt und rutschen nach jedem Schritt vorwärts wieder zwei zurück.

Unser Körper trägt die Zeichen von Bitterkeit und aufgestauter Wut. Wir nehmen nur darum den Aufstieg auf uns, um es jenen zu zeigen – zu beweisen, daß sie im Unrecht sind. Das ist kein guter Grund zum Klettern.

Diese schwere Last macht uns langsam, und sollten wir den Gipfel schließlich doch erreichen, war es ein so kolossal entsetzlicher Aufstieg, daß wir desillusioniert und kaputt sind. Der Höhepunkt bleibt freudlos und gibt nur einen weiteren Grund zur Klage.

Ein Willensakt

Wir können uns entscheiden zu vergeben, auch wenn wir nicht »fühlen«, daß es uns vollkommen gelingt. Vergebung hat einen sehr klar definierbaren Anfangspunkt. Dieser Beginn legt fest, daß wir irgendwann endlich vergeben werden – selbst wenn wir im Moment

immer noch wütend sind,

unsicher sind, was wir fühlen oder was wirklich passiert ist,

alles andere fühlen, als zu vergeben!

Vielleicht gibt es auch eine Vergebung, die »gutgenug« ist. Es ist solch ein langer und schwieriger Prozeß, daß viele die meiste Zeit innerlich mit Dingen leben, die sie loslassen müssen und versuchen zu vergeben.

Es gibt immer Leute, die uns mit großem Eifer erklären, wir »müssen vergeben«, während wir versuchen herauszufinden, was wir fühlen. Wie bei den meisten Dingen gibt es Zeitpunkte, wo es dran ist, zu vergeben. Wenn wir diesen Zeitpunkt hinauszögern, geht das sehr auf Kosten unseres Wohlbefindens und unserer Beziehungen zu anderen.

Uns selbst vergeben

Depressive Menschen können sich meistens nur sehr schlecht selbst vergeben. Ganz allgemein haben wir das Gefühl, die Depression sei darum über uns gekommen, weil wir so furchtbare Menschen sind, die das verdient haben. Es ist eine gerechte und angemessene Strafe.

Wenn Sie unter unerträglich vielen Schuldgefühlen leiden, kann das ein Zeichen dafür sein, daß Sie sich selbst nicht vergeben.

Die Last unserer Schuld abladen

Es gibt nichts auf der Welt, was wir tun könnten und was zu schlimm wäre, um nicht vergeben zu werden. Es gibt keine sexuelle Sünde, kein Unrecht gegenüber einem Menschen, den wir lieben (oder hassen), absolut nichts im ganzen Universum, das nicht vergeben und dessen Last nicht von unseren Schultern genommen werden kann. Wenn wir eine leise Stimme hören, die uns etwas anderes sagt, ist das eine Stimme, die wir unterwegs aufgeschnappt haben.

(Viele depressive Menschen fragen sich, ob sie die »unverzeihliche Sünde« begangen haben – die »Sünde gegen den Heiligen Geist. Sie wissen vielleicht nicht, was das ist, aber sie erinnern sich an diesen Begriff aus der Sonntagsschule. Ich habe mir deswegen Sorgen gemacht.

Mit allergrößter Wahrscheinlichkeit sind unsere Bedenken in dieser Hinsicht unbegründet. Jemand hat mir einmal sehr geholfen, indem er sagte, jeder, der sich wegen dieser Sünde Sorgen mache, könne sie schon allein deswegen nicht begangen haben, weil er besorgt sei!

Wenn Sie also Angst haben, etwas Unverzeihliches getan zu haben, dann ist das ein sicheres Zeichen dafür, daß dies ein Irrtum ist!

Wenn Sie wirklich Sorgen haben, sprechen Sie mit dem Pastor einer Gemeinde am Ort darüber.)

Schuld ist vielleicht die Last, die man am schwierigsten los wird. Sie hängt an uns wie ein schlechter Geruch und muß so lange bearbeitet werden, bis sie weg ist. Sie ist eine viel zu schwere Last, um sie bei unserem Aufstieg mitzunehmen. Wenn sie uns leid tut (das ist nicht einfach), und wenn wir Gott um Vergebung gebeten haben, dann ist kein Raum mehr für Schuld.

Selbst wenn uns Menschen nicht vergeben können oder wollen oder nicht da sind, um uns zu vergeben – Gott kann es tun. Wenn es uns leid tut, ist der Fehler ausgelöscht. Wir können wieder unseren Kopf heben.

Wenn es zu schwer für Sie ist, die Last der Schuld abzuladen, suchen Sie sich Hilfe. Es ist keine einfache Angelegenheit. Ein Freund oder Seelsorger kann uns vielleicht dabei helfen, sie von unseren Schultern abzustreifen.

Vergebung braucht Zeit

Wenn wir uns frei von Schuld fühlen, können wir uns mit neuer Kraft unserem Aufstieg widmen. Aber vielleicht geht es Ihnen so wie mir, und nach einiger Zeit stellen Sie fest, daß die Last zurückgekommen ist und Sie niederdrückt. Wir scheinen auf merkwürdige Weise mit ihr verbunden zu sein. In einem unbewachten Moment laufen wir schnell zurück und holen sie uns wieder.

Das Leben war so lange voller Depression, Schuld, Verwirrung und ähnlichen Dingen, daß wir es schwierig finden zu erkennen, wie ein Leben in Freiheit sein kann!

Vielleicht ist schon allein der Gedanke an ein Leben auf dem Gipfel der Felswand, jenseits der Depression, beängstigend. Wenn ich nicht depressiv bin, wird man von mir erwarten, daß ich mit allem fertig werde, daß es mir gutgeht und ich normal weiterlebe. Hilfe!

Darauf bin ich nicht vorbereitet. Die Depression hilft mir. Ich kann mich hinter ihr verstecken.

Wir brauchen Zeit. Zeit, um uns an die Vorstellung zu gewöhnen, wie das Leben sein könnte. Zeit, damit die offenen Wunden heilen. Zeit, um uns durch die Tränen und die Schreie hindurchzuarbeiten. Die Gewohnheiten, die wir uns ein Leben lang angeeignet haben, lassen sich nicht einfach so überwinden.

Gordon Wilson, der Vater eines Mädchens, das in Enniskillen/ Nordirland bei einem Gedenkgottesdienst für die Gefallenen der beiden Weltkriege durch eine Bombe getötet wurde, erzählte:

»Ich habe meine Tochter verloren, und wir werden sie vermissen. Aber ich trage keine Rachegedanken in mir, keinen Groll. Schmutzige Worte machen sie nicht wieder lebendig. Bitte fragen Sie mich nicht nach dem Sinn. Ich weiß den Sinn nicht. Ich habe keine Antwort. Aber ich weiß, es muß einen Plan geben. Wenn ich davon nicht überzeugt wäre, würde ich Selbstmord begehen. Dies ist Teil eines größeren Planes, und Gott ist gut. Und wir werden uns wiedersehen.«

Vergeltung ist zu niedrig. Vergebung ist viel größer und erhabener.
Irené Laure

36

Den Gipfel erreichen

Mit dem Glück ist es ähnlich wie mit Koks – man erhält es als Ne-
benprodukt, wenn man etwas anderes herstellt.

Aldous Huxley

Alles hat ein Ende, wenigstens alles hier auf der Erde und innerhalb
unseres Erfahrungshorizontes. Das gehört zu den Dingen, die »gut«
sind an der Depression. Sie geht vorüber. Bei manchen von uns geht
sie nur zeitweilig vorbei. Bei anderen kommt das Ende nach vielen
Jahren des Kampfes, in denen wir andere Menschen geworden sind.
Für die meisten ist dieses »Ende« kein Berggipfel der Ekstase. Und es
ist mit Sicherheit nicht der Anfang eines wunderbaren Lebens voller
Freude und ewiger Seligkeit! Wenn wir das vom Leben erwarten,
werden wir auf jeden Fall enttäuscht.

Aber eines Tages kommt der Augenblick, wo die Last abgefallen
scheint. Der Aufstieg scheint heute einfacher zu sein. Wir haben ein
unaussprechliches Gefühl der Leichtigkeit und Freude in unserem
Inneren. Wir merken, daß die Depression abgefallen ist.

Ja. Die Erfahrung lehrt uns, daß sie vielleicht nicht für immer fort
ist, aber wir sind begeistert darüber, ein Stück Aufschub zu haben
und verschnaufen zu können. Wir müssen dann unbedingt daran
denken, in unser Tagebuch zu schreiben. Diese Erfahrung müssen
wir auf jeden Fall festhalten, weil die Erinnerung daran entscheidend wichtig ist für unser zukünftiges Wohlbefinden. Wenn der
Aufstieg wieder fürchterlich ist (und diese Zeit wird sicherlich kom-

men), dann können wir uns durchlesen, wie es war, als es uns phantastisch ging, und das wird uns helfen.

Es gibt zwei Probleme bei dem Gefühl, den Gipfel erreicht zu haben. Das eine ist das Problem mit dem »Tiger im Käfig«, und das andere ist das »Optimismus«-Problem.

Der Tiger im Käfig

Es gibt verschiedene Versionen von der Geschichte mit dem Tiger im Käfig. Es geht darum, daß wir uns so an das Leben mit der Depression gewöhnen, daß wir uns weiterhin so verhalten, als seien wir depressiv, obwohl wir es nicht mehr sind – »erlernte Hilflosigkeit« nennen das manche Leute.

In der Geschichte geht es darum, daß ein Tiger jahrelang in einem Käfig eingeschlossen ist. Er wandert auf und ab und versucht, sich zu befreien. Er wandert so lange immer auf und ab, daß er es schließlich auch dann noch tut, als der Käfig entfernt wird. Er erkennt nicht, was das Fehlen der Gitterstäbe bedeutet, und wandert weiterhin genauso auf und ab, wie er es gelernt hat, ohne seine wiedererlangte Freiheit in Anspruch zu nehmen.

Wir können uns ebenso verhalten. Das Leben ist solch ein Kampf, daß wir uns bestimmte Verhaltensweisen angewöhnen. Wir erwarten, daß uns das Leben belastet. Wir erwarten Erschöpfung. Wir erwarten, daß wir weinen. Wir erwarten, daß die Tage lang und grau sind. Wir haben gelernt, uns so zu verhalten, wie depressive Menschen es tun. Wenn dann die Depression aufhört, können wir es nicht erkennen. Wir nutzen unsere Freiheit nicht aus und verhalten uns so, als wären wir immer noch gefangen im Horror der Depression. (Das kann auch die Menschen in unserer Umgebung betreffen. Auch sie können in ihrem Umgang mit uns so eingefahren sein, daß sie die Freiheit manchmal nicht erkennen.)

Das Optimismus-Problem

Das andere Problem ist: Manchmal sind wir so begeistert, wenn die Depression nachläßt, daß wir die Tatsache, daß sie vielleicht wiederkehrt, nicht als Möglichkeit einkalkulieren. Es ist fatal zu denken, sie sei für immer überwunden, weil sie jetzt im Moment nicht mehr da ist. Es stimmt, manche Menschen werden die Depression wirklich los und werden nie wieder davon belastet – oder zumindest kehrt die Depression nie wieder so massiv zurück.

Aber realistisch wäre, sich trotz der Begeisterung darüber, den Gipfel erreicht zu haben, für das nächste Stück des Aufstiegs zu rüsten.

Das Leben ist keine endlose Party ohne Mühe und Sorgen. Es ist vielmehr wie der Aufstieg auf einen Berg in den Alpen. Man erreicht, was man für den Gipfel hält, aber dann taucht in einiger Entfernung eine neue Spitze auf.

Mehrfach habe ich mich dem Glauben überlassen, ich hätte die Depression für immer überstanden. Es überwältigte mich so sehr zu erleben, wie phantastisch ich mich fühlte, wenn ich frei davon war. Daher vergaß ich, realistisch zu bleiben. Wenn dann die alten depressiven Gefühle wiederkamen, war das ein fürchterlicher Schock für mich.

Als wichtigstes habe ich dabei gelernt, daß die guten Zeiten als Vorbereitung auf die schlechten Zeiten genutzt werden sollten. Das ist so ähnlich, wie wenn man ein Sicherheitsnetz aufspannt. Das Leben ist ein wenig wie ein Balanceakt auf einem Hochseil. Ein Ausrutscher, und das war's – aus und vorbei. Aber wenn es ein Sicherheitsnetz gibt, brauchen wir keine Angst zu haben.

Vielleicht sollten wir auch akzeptieren, daß wir abstürzen werden.

Während es uns gutgeht, ist es sinnvoll, sich auf solche schlechten Tage vorzubereiten. Wir machen Pläne, was wir tun werden, wenn wir abstürzen:

- Rufen Sie sich die guten Zeiten in Erinnerung. Das hilft uns zu erkennen, daß die Depression auch wieder ein Ende haben wird.
- Überlegen Sie sich Strategien, wie Sie mit dem Horror der Depression fertig werden können.
- Lernen Sie mehr über sich selbst. Was tue ich gern und wobei fühle ich mich wohl? Was macht mich depressiv?
- Lernen Sie, nett zu sich selbst zu sein.

All das hilft uns, nur wenig an Höhe zu verlieren, wenn wir wirklich herunterfallen. Wenn es uns gelingt, auf einem Felsvorsprung Halt zu finden, können wir uns auf den erneuten Aufstieg vorbereiten.

Am besten ist, wir stellen uns vor, daß der Aufstieg des Lebens für immer weitergeht. Manchmal erreichen wir den Gipfel eines Berges, und vor uns liegt eine Meile weicher Rasen. Aber dann kommt eine weitere Felswand.

Dennoch ist für den Moment der Aufstieg vorüber. Es ist flach. Die Sonne scheint, die Papageientaucher fliegen, die Grasnelken blühen wunderschön, und der Duft des Meeres ist erquickend. Es ist wie im Himmel.

Wir wären Pessimisten der allerschlimmsten Sorte, wenn wir uns durch den Gedanken an den nächsten Aufstieg so sehr herunterziehen ließen, daß wir die gegenwärtigen Freuden nicht genießen könnten. Ja, wir dürfen den nächsten Aufstieg nicht aus den Augen verlieren – das Leben wird nicht immer so großartig sein –, aber wir müssen uns gestatten, die reine Begeisterung über die Freiheit zu genießen, daß es heute wenigstens gut ist.

Gute Tage sind für mich wie das Ende der Narnia-Geschichte von C.S. Lewis geworden. Am Ende von *Der letzte Kampf*, als die Welt von Narnia aufhört und der Große König Peter die Tür zur toten Welt hinter sich zuzieht, folgen die Kinder dem Löwen Aslan und den Tieren in eine Welt, die größer, heller und besser ist als Narnia. Doch auch das ist Narnia. Es gibt dort alles, was sie geliebt haben, und mehr. Aslan drängt sie »Weiter hinein und weiter hinauf!«, und die Hunde, die Kinder und das Einhorn laufen weiter in ihren neuen Himmel hinein, und mit jedem Stück wird es schöner, als es vorher war.

So scheint es an den guten Tagen auch zu sein, und wir versuchen, weiter hinauf und tiefer hinein zu gelangen. Trotzdem können sich immer wieder vor uns hohe Felswände auftürmen. Das Leben, so scheint es, bleibt immer eine Reise.

Die Entscheidung

Letztendlich habe ich die Wahl. Ich kann weiterhin gegen die Realität kämpfen und darauf bestehen, das Leben »sollte« wunderbar, sorgenfrei, glücklich und so weiter sein. Das ist diese Haltung: »Die Welt ist mir das Leben schuldig«, die man bei manchen depressiven (und anderen) Leuten antrifft.

Oder ich nehme die ganze Sache, wie sie wirklich ist, und entscheide mich, den Spruch: »Das Leben ist schwierig« zu meinem Motto zu machen. Die Schwierigkeit besteht in der Komplexität unserer Person und unseres lebenslangen Kampfes, unser eigenes Innerstes zu verstehen. Es geht um die unvorhersehbare und offensichtlich völlig ungerechte Art und Weise, wie das Leben (und der Tod) so spielt. Morgen kann meine Welt durch den Tod meines Kindes zerbrechen. Wenn das geschähe, wüßte ich, daß ich selbst auch am liebsten sterben würde. Ich kann nicht vorhersehen, was auf mich zukommt. So ist das Leben.

Bei diesen Unsicherheiten und Vielschichtigkeiten des Lebens ist es vielleicht überraschend, daß es so viel Glück im Leben gibt, wie es tatsächlich gibt.

37

Endlich auf dem Berg!

Denn zu dir hin hast du uns geschaffen, Gott, und unruhig ist unser
Herz, bis es ruhet in dir.   *Augustinus*

Die bloße Freude zu leben ist heute in unaussprechlicher Weise vorhanden, und sie ist ein phantastisches Gefühl! Der letzte Anfall der Depression, sechs Monate Kampf, Schrecken, Angst und fast tägliche Tränenausbrüche sind nun endlich überwunden. Ich weiß, daß es vielleicht nicht lange so bleibt. Aber heute will ich es genießen.

Ich ging in meinem Garten spazieren. Die Schneeflocken sind einzigartig. Die Krokusse sprießen aus dem Rasen hervor in grellem Gelb und die Rotkehlchen bauen ihr Nest im Apfelbaum. Ich wollte am liebsten den Tau trinken und die Morgensonne aufsaugen. Es war, als hätte ich noch nie zuvor solche Farben gesehen oder eine solche Frische gerochen. Es war alles neu. Anders. Lebendig.

Die Freude und Wonne, die ich heute empfinde, ist vielleicht deswegen so groß, weil ich sie in so starkem Gegensatz zu den vergangenen Monaten empfinde. Der Winter war lang und öde. Manche Tage waren so trübe, daß man meinte, das Leben könnte nie wieder irgendwie anders sein. Aber vielleicht braucht die Natur ihren Winter, ihre Zeit der Ruhe und Erholung.

Obwohl ich nie »froh« sein konnte über die Depression, weiß ich heute, daß ich diese Freude und Freiheit deswegen wahrnehme, weil ich so sehr das Gefühl hatte, gefangen zu sein. Der Schmerz, den ich fühlte, hilft mir, das Glück zu erkennen. Einer meiner Bergsteigerfreunde sagte zu mir: »Wenn wir nicht unsere Tiefen hätten, würden wir unsere Höhen niemals zu schätzen wissen.«

Wenn alles vorbei ist, können wir zurückschauen auf den Abgrund, der hinter uns liegt, und erkennen, wieviel Hilfe wir gehabt haben.

Vielleicht kommt die Vorstellung, daß wir hinterher »froh« sein werden über diese Erfahrungen, von der Erkenntnis, daß ein Mensch durch das Leiden emotional wächst, daß er lernt, sich selbst und dadurch auch andere besser zu verstehen.

Unser Leben überdenken

Das Wachstum hin zu Annahme und Verständnis unserer depressiven Gefühle ist ein ganz persönlicher Entwicklungsprozeß. Man muß sie im Gleichgewicht mit allen anderen Aspekten in unserem Leben sehen.

Wenn der Frühling kommt, entdecken wir neue Wege, die uns im Leben voranbringen. Der Tod und die Trostlosigkeit sind nicht das Ende. Die Saat, die wir im letzten Herbst säten, ist tot, aber an ihrer Stelle gibt es neue grüne Triebe. So scheint auch unsere Welt zu »funktionieren«. Um neues Leben hervorzubringen, muß es einen Tod geben. Es muß eine Zeit der Ruhe, der Rekapitulation und der neuen Pläne geben. Wer den Abgrund der Dunkelheit zu durchqueren vermag, geht daraus stärker und mit mehr Mitgefühl ausgestattet hervor.

Die Zeiten der Depression waren für mich Zeiten, in denen ich mein Leben neu geordnet habe. Natürlich habe ich das damals nicht gesehen. Aber im Rückblick erkenne ich, daß es Phasen waren, in denen ich wirklich in der Lage war, darüber nachzudenken, was ich in meinem Leben eigentlich wollte.

Ich habe gelernt, daß ich durch die Depression anfange, die Realität wahrzunehmen. Die Welt *ist* ein verrückter und undurchsichtiger Ort, und ein Teil unserer Reise besteht darin, das zu erkennen und zu lernen, irgendwie damit zu leben.

Wenn alles gutgeht, neigen wir dazu, alles als selbstverständlich hinzunehmen. Wenn es nicht so gutgeht, kommen wir ehe in einen Gleichgewichtszustand. Wir erkennen, was wirklich wichtig ist im Leben. Geld und Besitz, Karriere, sozialer Status und andere Dinge, die uns die Gesellschaft als höchste Werte suggeriert, sind für uns schließlich weniger wichtig als die kleinen Dinge, die wir in unserer Geschäftigkeit vergessen können. Wir fangen an, uns über die kleinen Dinge zu freuen wie das Lächeln eines Kindes oder das Zwitschern der Vögel bei Tagesanbruch oder die Freude, wenn wir die ersten Frühlingsblumen sehen.

Unsere Depression *wird* vorübergehen. Wir fangen an, ihr Ende zu sehen, wenn wir lernen, daß wir als Menschen wertgeschätzt sind. Daß wir tatsächlich geliebt werden, obwohl wir vielleicht nicht merken, daß es so ist.

Nach der Depression kann das Leben manchmal viel besser sein, als es vorher war. Es ist ehrlicher. Mehr in der Realität gegründet. Mehr auf das ausgerichtet, was wirklich wichtig ist.

Wenn wir beim Bergsteigen den Gipfel erreichen, dann ist unser Gefühl von Erfolg, Erleichterung und manchmal auch Ekstase um so größer, je schwieriger unser Kampf gewesen ist. Endlich können wir uns hinlegen, unsere schmerzenden Arme ausruhen und einfach die Sonne auf uns niederbrennen lassen.

Wir liegen da und sind vielleicht sogar ein wenig verwundert über das, was wir geleistet haben. Wenn wir ehrlich unser Leben anschauen und das, was wir durchlitten haben, dann sollten wir uns vielleicht einmal selbst auf die Schulter klopfen. Wir haben durchgehalten und es bis hierhin geschafft! Es erfordert außergewöhnlich viel Mut, auch nur einen Teil des Weges durch eine depressive Phase zu bewältigen. Ganz hindurchzukommen, ist vielleicht der größte Erfolg in unserem Leben überhaupt.

Es ist gut, auf all das zurückzuschauen und sich daran zu erinnern, wie es am Fuß der Felswand war. Es ist unglaublich, aber manchmal fällt es uns schwer, uns noch an die schwierigsten Abschnitte zu erinnern. Es ist, als seien sie so entsetzlich gewesen, daß sie aus unserer Erinnerung ausgelöscht worden sind – eine Art Selbstschutz, den wir entwickeln. Es ist ähnlich, wie wenn wir den Schmerz der Wehen bei einer Geburt vergessen, sobald wir das winzige Wesen zum ersten Mal in unsere Arme schließen. Die grenzenlose Freude löscht allen Schmerz aus.

Weitergehen

Es ist so wichtig, in den guten Zeiten weiterzugehen, nicht Rückschritte zu machen, und zum Gegenangriff überzugehen. Die meisten von uns haben Horrorgeschichten auf Lager, wie sie während der Depressionen von anderen behandelt worden sind. Irgendwie müssen wir sie loslassen. Sonst werden wir ständig klagen, wie hart der Aufstieg war, statt daß wir den Sonnenschein und die Ruhe auf dem Gipfel genießen. Wir wissen nicht, was vor uns liegt, aber wir müssen weiter vorangehen.

»Ein Mensch stand an der Schwelle zu einem neuen, schwierigen Lebensabschnitt. Er wünschte sich sehr ein Licht, daß er sicher eintrete in das Unbekannte. Da sprach eine Stimme zu ihm: »Geh hinaus in die Dunkelheit und lege deine Hand in die Hand Gottes. Das wird besser für dich sein als ein Licht und sicherer als ein bekannter Weg.«
König Georg VI. von England in seiner
Weihnachtsansprache im Radio 1939,
während der ersten Monate des Zweiten Weltkriegs

Ich hatte dieses Zitat über das Hinausgehen ins Unbekannte im Kopf, seit ich mit der Arbeit an diesem Buch begann. Das Schreiben ist wie ein Hinausgehen ins Unbekannte. Es ist klar, daß es mich ein Stück weit verwundbar macht, wenn ich über meine Erfahrungen mit der Depression schreibe. Während der beiden Jahre, in denen dieses Buch entstand, hatte ich einige Phasen ziemlich tiefer Depression. Es war eine Tortur, über diese furchtbaren Ängste zu berichten.

Aber das Schreiben hat auch Freude gemacht. Ich glaube daran, daß unser Leben reicher wird, wenn wir unsere Gefühle und Gedanken einander mitteilen, egal wie schmerzhaft dieses Mitteilen sein kann. Nur wenn wir uns ausstrecken und ein Wagnis eingehen, können wir mit anderen in Verbindung treten. Dann erst wird die Liebe, der Frieden und das neue Leben auf dem Gipfel der Felswand möglich.

Das Mitteilen gehört zum Schlüssel beim Aufstieg. Wir fangen an zu erkennen, daß es zum Menschsein gehört, Teil einer »Gemeinschaft« zu sein. Das schließt auch ein, mit anderen zu sprechen. Die zerstörerische Einsamkeit der Depression wird dadurch allmählich geheilt, daß wir anderen erlauben, uns nahezukommen.

Wenn ich aus einer depressiven Phase herauskomme, lese ich die Worte aus der Offenbarung des Johannes am Ende der Bibel. Dann muß ich weinen, weil sie mich an die Beerdigung von Menschen erinnern, die ich liebte. Sie erinnern mich an den Tod, aber auch an Neuanfänge. Johannes sagt, daß Gott alle Tränen von unseren Augen abwischen wird, und daß keine Trauer und keine Schmerzen mehr sein werden, weil Gott selbst alle Dinge neu machen wird.

In diesen Versen wird wunderschön beschrieben, wie Gott auf seinem Thron sitzt, umgeben von einer Landschaft aus Juwelen, die seine Kinder einmal erben werden. Das kristallklare Wasser des Lebensstroms kommt vom Thron, und wenn wir von diesem Wasser trinken, werden wir nie wieder Durst leiden oder uns irgend etwas wünschen.

Welches dieser Bilder man auch nimmt – für mich drücken sie aus, daß ich geliebt bin und daß der Kampf und die Dunkelheit eines Tages ein Ende haben werden. *Ich werde geliebt, darum bin ich.*

Nicht nach unten schauen

Wir lernen, beim Klettern nicht nach unten zu schauen. Wir brauchen nicht sehen, wo wir waren. Das wäre sowieso erschrekkend. Wir sollen uns nur daran erinnern, damit wir daraus lernen.

Wir müssen weitergehen. Der Gipfel ist unser einziges Ziel. Die Felsvorsprünge vor uns scheinen uns viel zu wenig Halt zu bieten, aber für andere Menschen haben sie ausgereicht, darum müssen wir vertrauen, daß sie auch uns reichen werden.

Wir müssen:

- uns hineindenken in ein Leben auf dem Gipfel;
- lernen, mehr auf das Rettungsseil zu vertrauen und auf die, die es halten;
- Hoffnung haben. Andere, denen es ebenso schlecht ging wie uns, haben es schließlich geschafft. Dann können wir es auch;
- weiterhin die neuen Techniken einüben, die wir während der Depression gelernt haben – nett zu uns selbst zu sein und darauf zu achten, was wir denken und fühlen;
- weiterhin daran arbeiten, uns selbst zu verstehen und unser Selbstwertgefühl aufzubauen;
- lernen, loszulassen. An altem Haß und alter Bitterkeit festzuhalten, ist ein sehr wirksames Mittel, um wieder abzurutschen;
- lernen zu akzeptieren, daß Stimmungsschwankungen normal sind. Es ist normal, ein paar Schritte zurückzugehen, bevor wir wieder vorwärtskommen;
- lernen, weiterzuklettern. Das Leben ist hart, aber je mehr wir uns darum bemühen, auf unserem Weg voranzukommen, desto besser gelingt es uns.

Depression kann ein Neuanfang sein. Es gibt ein Leben nach der Depression!

Der tiefe Frieden der wogenden Wellen sei mit dir.
Der tiefe Frieden des leisen Windhauchs sei mit dir.
Der tiefe Frieden der stillen Erde sei mit dir.
Der tiefe Frieden der funkelnden Sterne sei mit dir.
Der tiefe Frieden des Sohnes des Friedens sei mit dir.

Irischer Segen

LITERATUREMPFEHLUNGEN

Michael Dieterich: Depressionen. Hilfen aus biblischer und psychotherapeutischer Sicht, Gießen, 6. Auflage 1993

Frederic F. Flach: Drepression als Lebenschance. Seelische Krisen und wie man sie nutzt, Reinbek 1978

Hanfried Helmchen / Ole J. Rafaelsen: Depression, Melancholie, Manie. Ein Buch für Kranke und Angehörige, Stuttgart, 2., neubearb. Auflage 1992

Hildegard und Michiaki Horie: Depression – Wege aus dem Dunkel, Wuppertal und Zürich, 2. Auflage 1994

dieselben: Umgang mit der Angst, Wuppertal und Zürich, 10. Auflage 1995

Frank Minirth / Paul Meier: Wieder Freude am Leben. Wie überwinde ich meine Depression? Neuauflage, Aßlar 1995

Reinhold Ruthe: Sieben Fragen, die uns plagen. Angenommensein, Angst, Leiden, Schuld und Schuldgefühl, Sinn des Lebens, Depression, Tod und Sterben, Moers, 5. Auflage 1994

Cloria Chisholm: Das Frauen-Mutmach-Buch, Wuppertal und Zürich 1995

Eileen Fletcher: Einfach natürlich gesund. Das Beste für Körper, Seele und Geist, Wuppertal und Zürich 1994

Michael Dieterich (Hrsg.): Wenn der Glaube krank macht. Psychische Störungen und religiöse Ursachen, Wuppertal und Zürich, 2. Auflage 1992